BASTEI
LÜBBE

Dieses Buch erscheint auch als Lübbe Audio.

Über die Autoren:
Das *Bündnis für sicheres Reisen* ist ein Zusammenschluss von passionierten, aber vorsichtigen Globetrottern mit einer klar definierten Aufgabe: die Kommunikation zwischen den Völkern zu fördern. Das Bündnis gründete sich im Jahr 1902 auf einem Floß im Kaukasus bei der gemeinsamen Flucht vor grimmigen Tscherkessen und einer Steppenfloh-Plage. Die Gründungsmitglieder starben dank ihrer großen Umsicht und Sprachkenntnis alle eines natürlichen Todes, zufrieden und mit sich im Reinen, im heimischen Bett. Vorher gelang es ihnen glücklicherweise, ihren Wissensschatz (gesammelt in unzähligen gemeisterten Gefahrensituationen) mündlich und fernmündlich an ihre Erben weiterzugeben. Jahrzehnte gingen ins Land, die nächste Generation wurde flügge und fasste nach zähem Ringen den Entschluss, das Geheimwissen ihrer Vorfahren einer breiten Öffentlichkeit zur Verfügung zu stellen. Sie wollen mehr tun, als lediglich Blut zu spenden. Sie wollen Leben retten. Aus Sicherheitsgründen muss die Anonymität der Bündnismitglieder gewahrt bleiben. Doch alle grüßen ganz herzlich und sind in Gedanken bei Ihnen, auf all Ihren Reisen.

Bündnis für sicheres Reisen [Hg.]

Ausländisch für Notfälle

Ein Sprachführer für Paranoiker

BASTEI LÜBBE

BASTEI LÜBBE TASCHENBUCH
Band 66421

1. + 2. Auflage: Juni 2008

Bastei Lübbe Taschenbücher in der Verlagsgruppe Lübbe

Originalausgabe

Titelillustration, Umschlaggestaltung, Illustrationen im Innenteil: Harald Oehlerking, Köln, www.schoenerlayouten.de
Gestaltung und Satz: JahnDesign Thomas Jahn, Erpel/Rhein
Druck und Verarbeitung: GGP Media GmbH, Pößneck
Printed in Germany
ISBN 978-3-404-66421-4

INHALT

ANDERE WELTEN

NÜTZLICHE VORDRUCKE UND BASTELANLEITUNGEN

VORWORT

Sie waren im Ausland und leben noch? Purer Zufall!

Vermutlich sind Sie in der Vergangenheit völlig unvorbereitet verreist. Sicher, jeder, der sich für ein Urlaubsziel entscheidet, trifft gewisse Maßnahmen: Man kümmert sich rechtzeitig um Visa, die Verlängerung von Reisepässen und um ausreichende Zahlungsmittel. Und manch einer erkundigt sich sogar nach sinnvollen Schutzimpfungen und besorgt eine Reiseapotheke. Doch in unserem Sprachführer geht es nicht um Vorbereitungen wie »Hotel auswählen«, »Koffer packen« oder »Kohletabletten mitnehmen«. Vielmehr ist hier die Rede von Grundsätzlicherem: Ihrem Leben!

Es hilft nichts, sich etwas vorzumachen: Wer verreisen will, ist so gut wie tot, denn da draußen lauern unzählige Gefahren. Mit »da draußen« meinen wir das komplette Ausland. Ob hinterlistige Entführungen, gefährliche Tierarten, schlimme Sitten und Gebräuche oder bedrohliche hygienische Verhältnisse – die große, weite Welt ist kein Kinderspielplatz. Es gibt nur zwei Möglichkeiten, den allgegenwärtigen

Gefahren sinn- und wirkungsvoll zu begegnen: mit roher Gewalt oder mit intelligenter Kommunikation. Rohe Gewalt gilt es meistens auszuklammern, denn nicht jeder hat die nötigen körperlichen und mentalen Voraussetzungen dazu. Bleibt die Kommunikation.

Dieses Buch liefert Ihnen präzise Formulierungen, die Sie aus jeder Lebensgefahr retten werden. Wir übertreiben nicht, wenn wir sagen: Sie halten das Schweizer Messer unter den Sprachführern in Händen. *Ausländisch für Notfälle* widmet sich nicht weniger als 23 Ländern und Landstrichen und behandelt selbst so exotische Sprachen wie Schwyzerdütsch, Swahili und Elbisch. Dieses multifunktionale linguistische Werkzeug ermöglicht es Ihnen nicht nur, die Welt kennenzulernen, sondern auch, unbeschadet zurückzukehren und Ihren Lieben davon zu berichten. Gleichzeitig wird Ihnen das hier Gelernte bei jeder Landesbevölkerung zu hohem Ansehen verhelfen. Denn nach dem Studium unserer Lektionen sind Sie kein potenziell toter Tourist mehr und damit eine mögliche Negativschlagzeile, sondern Experte für landestypische Gefahren und deren Bewältigung.

Bei uns lernen Sie, wie Sie sich in der arabischen Welt am besten vor einer Geiselnahme schützen, mit einem kurzen Satz auf Chinesisch im Nu zum Martial-Arts-Champion avancieren und auf Swahili wichtiges Insiderwissen über die afrikanische Tierwelt erfragen. Erfahren Sie, wie Sie mit wenigen Worten der italienischen Mafia trotzen und bei einer Auswahl französischer Rohmilchkäse eine bakteriologisch unbedenkliche Entscheidung treffen.

Wundern Sie sich nicht: So manche Gefahr lässt sich nicht auf den ersten Blick mit dem jeweiligen Land in Verbindung bringen. Nationale Unfall- und Todesstatistiken, die für *Ausländisch für Notfälle* akribisch ausgewertet wurden, sprechen dennoch eine deutliche Sprache.

Doch *Ausländisch für Notfälle* beschränkt sich nicht nur auf das, was es in den am häufigsten zu erwartenden Gefahrensituationen zu sagen gilt, sondern gibt auch wichtige Hinweise auf landestypisch sensible Themen, die Sie besser elegant umschiffen, um die Gewaltbereitschaft der Einheimischen nicht unnötig herauszufordern.

Auf didaktischer Ebene setzt *Ausländisch für Notfälle* Maßstäbe. Um die Lektionen möglichst tief in Ihrer Großhirnrinde zu verankern, folgt unser Sprachlehrkonzept strikt der Methodik »stures Auswendiglernen«. Als Lernzielkontrolle dienen Ihnen hierbei am Ende eines jeden Kapitels sorgfältig gewichtete Tests.
(Die richtigen Antworten finden Sie immer unter c.)

Wir helfen Ihnen, mit heiler Haut wieder heimzukehren, wohin auch immer es Sie verschlägt!

*Randolph Lion**
Vorstandsvorsitzender *Bündnis für sicheres Reisen*

* *Aus Sicherheitsgründen wird ein Pseudonym verwendet.*

WIE MAN DIESES BUCH BENUTZT

LAUTSCHRIFT UND GLIEDERUNG

Sämtliche Lektionen dieses Buches haben den gleichen Aufbau: Nach einer kurzen Einführung in Land, Leute und Gefahren folgen die Notfallsätze im didaktisch bewährten Dreischritt **Deutsch**-Ausländisch-*Lautschrift*. Die *Lautschrift* wurde von renommierten Gefahrologen aus aller Welt speziell für *Ausländisch für Notfälle* entwickelt. Die internationale phonetische Lautschrift (IPA) wurde bewusst ignoriert, denn in Notsituationen kann diese ja kein Mensch schnell genug lesen.

Die *Ausländisch-für-Notfälle-Spezial-Lautschrift* ist dagegen besonders rasch erfassbar. Sie wurde für den alphabetisierten deutschen Muttersprachler konzipiert und folgt der Phonem-Graphem-Beziehung des Deutschen. Sprechen Sie die Lautschriftsätze einfach so aus, als handele es sich um normales Deutsch. Sie werden staunen, wie gut Sie verstanden werden.

Wie bei der Entwicklung der *Lautschrift* bleiben wir auch bei der Anordnung der Länder einem Prinzip stets treu: einfach, intuitiv, menschlich. Denn wenn es drauf ankommt, fehlt meist die Zeit für akademische Haarspalterei. Dann heißt es: Handeln! Damit Sie die jeweilige Lektion sofort im Buch finden, folgt die Reihenfolge der Länder dem bekannten Merkspruch: **N**icht **O**hne **S**eife **W**aschen*. Anhand der Anfangsbuchstaben dieser Wörter können Sie die Himmelsrichtungen im Uhrzeigersinn ablesen. Um eine größtmögliche Praktikabilität zu gewährleisten, wird diese Gliederung ergänzt durch die Kapitel »Ausland Extrem-Süd«, »Ausland Extrem-Ost«, »Ausland Klein« und »Andere Welten«. Denn wer will schon Italien und den Vatikan in einen Topf schmeißen! Damit würde man den Ländern einfach nicht gerecht.

ANWENDUNGSBANDBREITE UND SPEZIELLE FEATURES

Die meisten Gefahren, auf die Sie im Ausland stoßen, werden aller Wahrscheinlichkeit nach nur verbal zu bannen sein, kleinere jedoch, z. B. Insekten bis zu 2 cm Ø, können direkt durch genaues Zielen und beherztes Draufschlagen mit diesem Buch eliminiert werden.

Vor allem das fremde und extreme Klima macht uns im Ausland oft zu schaffen. Selbst mit noch so handfesten

* Gleichzeitig ein Mantra, das Sie zu ausreichender Hygiene mahnt, wo auch immer Sie sich befinden.

Argumenten und wohlformulierten Worten kommen Sie hier nicht weiter. Doch *Ausländisch für Notfälle* kann mehr: Bei spontan einsetzendem Platzregen haben Sie mit dem aufgeklappten Buch schnell ein Dach über dem Kopf. Sticht die Sonne, lassen sich die Seiten mit etwas Geschick und einem handelsüblichen Hefter zu einem provisorischen Sonnensegel zusammentackern.

Notfälle lösen in der Regel Angst aus. Angst geht oft einher mit feuchten Händen. Wie schnell ist einem da ein herkömmlicher Sprachführer zwischen den Fingern weggeflutscht und der rettende Satz verloren. Das *Bündnis für sicheres Reisen* hat hier vorgesorgt. Rutschfeste Anti-Slip-Noppen auf dem Umschlag – eine Revolution in der Buchherstellung! – sorgen für sicheren Grip auch bei starker Transpiration.

Bewährt hat sich die Noppenlackierung auch beim Schutz gegen Pilzinfektionen: Haben Sie die Badelatschen

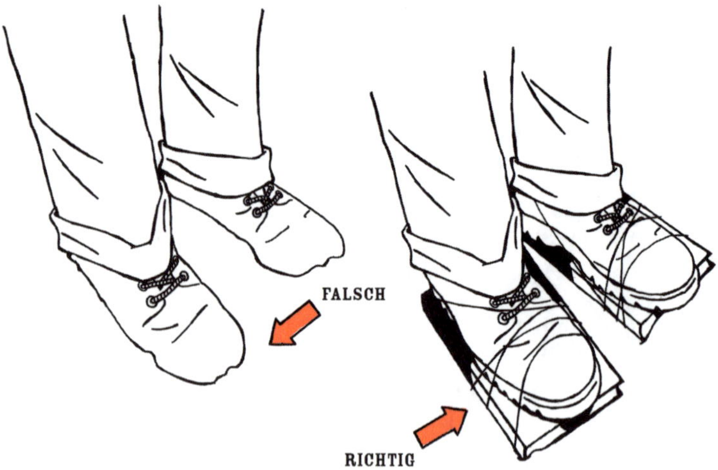

vergessen, binden Sie sich das Buch vor dem Gang an den Pool – z. B. mit Zahnseide – unter die Füße (Achtung, zwei Bücher nötig!).

Kinder oder andere kleinwüchsige Personen (bis Schuhgröße 32 ist eine optimale Gewichtsverteilung gewährleistet) können *Ausländisch für Notfälle* bei überraschend starkem Schneefall als Schneeschuh einsetzen. (Auch hier sind zwei Bücher nötig!).

Aktuelle Untersuchungen belegen, dass die Überlebensrate bei Notfällen signifikant steigt, je besser sich der in Not Geratene bemerkbar machen kann. In abgelegenen ausländischen Gebieten bleibt oft nur die Rettung aus der Luft. Die extra für dieses Buch angemischte Leuchtfarbe fällt jedem Hubschrauberpiloten bis zu einer Höhe von 800 Metern sofort ins Auge. Winken Sie im Fall der Fälle mit dem Buch gen Himmel. Nachts sollten Sie das Buch dabei zusätzlich mit einer Taschenlampe anleuchten.

Wenn Sie's mal ganz eilig haben, hilft Ihnen das Lesezeichen in der hinteren Umschlagklappe weiter. Trennen Sie es mit einem schnellen Ruck heraus – und schon können Sie in 23 Sprachen um Hilfe rufen!

Das *Bündnis-für-sicheres-Reisen*-Entwicklungsteam hat keine Kosten und Mühen gescheut, diesen Sprachführer so multifunktional wie möglich zu gestalten und dabei die modernsten Standards der Sicherheitstechnik zu erfüllen. Allen Anstrengungen zum Trotz kann eine Zusatzfunktion jedoch leider nicht geboten werden: Lange Testreihen* haben zweifelsfrei ergeben, dass sich das Buch für den Einsatz als Warndreieck nicht eignet. Wie man es dreht und wendet, es ist nicht dreieckig.

* Nachzulesen in: *Autobahn Heute*, Sonderheft Pannenhilfe, Heft 7/2007.

AUSLAND : NORD

»Derjenige, der zum ersten Mal
anstelle eines Speeres ein Schimpfwort benutzte,
war der Begründer der Zivilisation.«
Sigmund Freud

»Zu fragen bin ich da, nicht zu antworten!«
Henrik Ibsen

LEKTION 1

SCHWEDEN

Schweden, Land der gefährlichen Elche und tiefen Seen. Ein tückisches Fleckchen Erde, wo die Gefahr oft im Verborgenen lauert. Den Einwohnern ist kaum zu trauen. So lustig ihre Sprache auch klingt: Mit schlechten Schwedischkenntnissen zieht man sich schnell den handgreiflichen Unmut der Ansässigen zu.

Die Schweden gelten als gemäßigtes Volk, doch davon sollte sich der Reisende nicht täuschen lassen, denn sie neigen auch zu Extremen. Das hat soziologische Gründe, die eng mit dem schwedischen Selbstbewusstsein verknüpft sind. Dieses Selbstbewusstsein äußert sich beispielsweise in dem Mut, ab und an vergammelten Hering aus Dosen zu essen und gefährliche Extremsportarten zu entwickeln. So wird etwa das riskante »Elch-Surfing« immer beliebter: Bei dieser Sportart hängen sich schwedische Jugendliche an wilde Elche, um sich von diesen ein Stück die Straße entlangtransportieren zu lassen. »Was auf einen Nicht-Schweden wie eine Übersprungshandlung wirken mag, ist in Wirklichkeit der Hilferuf einer ganzen Nation«, erklärt der schwedische Psychologe Ingwer Malmsbjörn das Phänomen. Das Land sei vielen zu leer, und schwere psychische Schäden seien keine Seltenheit. Fast alle Schweden artikulieren ihre Sätze bereits aus purer Langeweile in bizarr-leierndem Tonfall, den sich der Schwedenreisende unbedingt aneignen sollte. Am natürlichsten lernen Sie dies mithilfe einer handelsüblichen Waschmaschine; viele Modelle locken inzwischen mit leistungsstarken Schleuderprogrammen. Nehmen Sie auf dem Gerät Platz, und üben Sie mehrfach laut die Sätze dieser Lektion. (Lassen Sie sich dabei von einem Familienangehörigen überwachen. Als Laie kann man sehr schnell von einer Waschmaschine runterfallen!) Mit dieser Methode wird jeder Sie nach kurzer Zeit für einen schwedischen Muttersprachler halten. Und dank der folgenden Sätze vergeht jedes Schleuderprogramm wie im Flug.

Ich brauche Honig, um diesen Bären abzuschütteln.
Jag behöver honung för att bli av med den här björnen.
Jaa behöwer honung för att blii aaf med denn här björnen.

Hilfe, ein Elch verfolgt mich!
Hjälp, en älg förföljer mig!
Jälp, en älj förföljer mäj!

Hätten Sie die Güte, den Flammenwerfer auf diesen Mückenschwarm zu richten?
Snälla, kan du rikta eldkastaren mot de där myggorna?
Snälla, kann dü rikta eldkastaren muut domm där müggurna?

Wären Sie so nett, mir gegen dieses Rudel Wölfe beizustehen?
Är du så snäll och hjälper mig mot den här vargflocken?
Är dü so snäll ok jälper mäj muut denn här varjflocken?

Wenn Sie mich aus dem See ziehen, teilen wir den Hecht, der sich in mich verbissen hat.
Om du tar upp mig ur sjön, så delar vi på gäddan som har bitit sig fast i mig.
Om dü taar üpp mäj ür schön, so delar wi po jäddan som har biitit säj fast i mäj.

Könnten Sie mir bitte eine Niere spenden?
Är du snäll och donerar mig en njure?
Är dü snäll ok doneerar mäj en njüüre?

Nützliches im Alltag:

Hallo, ich brauche Waffen, Munition und eine Bärenfalle.
Hej. Jag behöver vapen, ammunition och en björnfälla.
Hej. Jaa behöwer vaapen, ammuschjun ok en björnfälla.

AMBULANZ-TIPP:

In Schweden erhalten Sie eine optimale medizinische Versorgung, wenn Sie das Krankenhauspersonal mit Alkoholika bestechen.

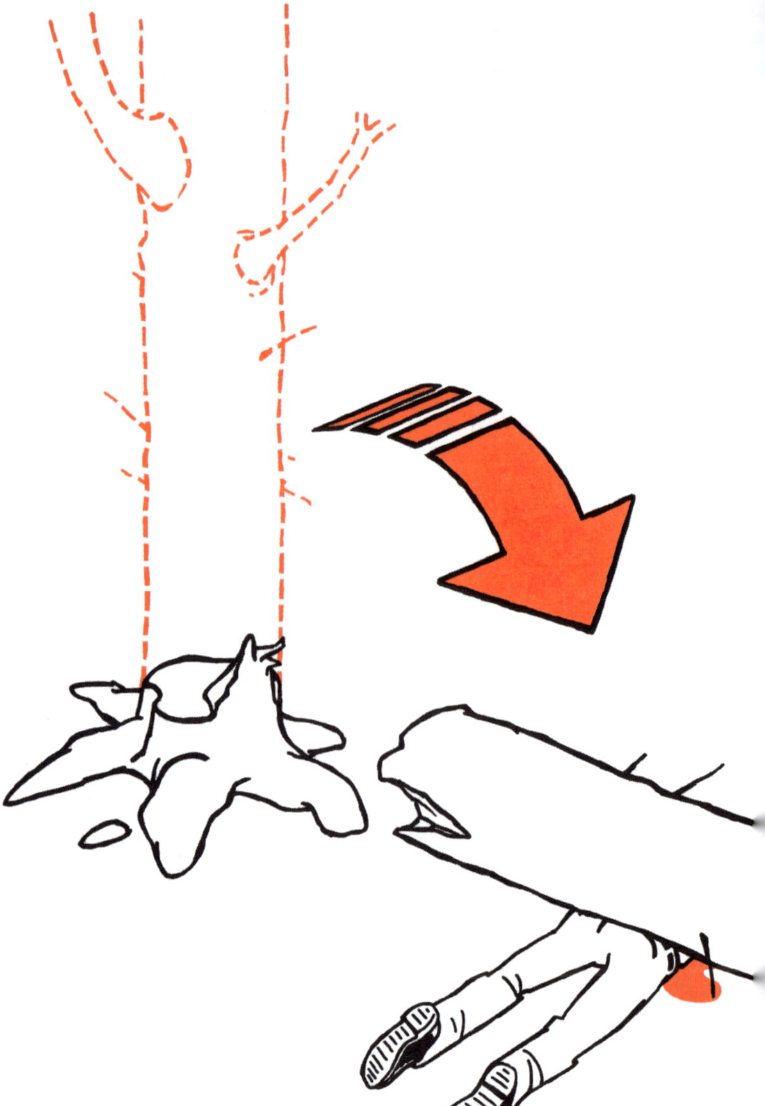

Lässt der Schmerz nach, wenn ich Rentierfett auf die Wunde schmiere?
Smärtar det mindre, om jag stryker rentalg på såren?
Smärta dee mindre, om jaa strüka reentalj po sooren.

Was Sie sagen, wenn es zu spät ist:

Sie hätten mir vorher sagen müssen, in welche Richtung der Baum fällt!
Du skulle ha sagt innan i vilken riktning trädet skulle falla!
Dü skülle ha sagt innan i wilken riktning trädet skülle falla!

Wenn Sie sich in Sicherheit befinden:

Ich kann das ganze Jahr über billig saufen.
Jag kan supa hur billigt som helst hela året.
Jaa kann süpa hür billigt som hällst hela ooret.

LEKTION 2

ISLAND

Das »Is« in »Island« steht für Eis. Überraschend dabei ist, dass es, abgesehen von dem Gletscher Vätnirüngsdræmmsrósnurraþaniðurjökull, gar nicht viel Eis in Island gibt. Die Namensgebung ist natürlich trotzdem in Ordnung, man denke nur an Grönland, wo das »Grön« bekanntlich für »Grün« steht, eine Farbe, die dort in der Natur überhaupt nicht vorkommt, denn auf Grönland gibt es ja praktisch außer Eis gar nichts.

Der Islandtourist – will er lebendig zurückkehren – sollte sich also darauf einstellen, dass auf dieser Insel nichts ist, wie es scheint, und dass es dort, verglichen mit Grönland, wenig Eis und viele Menschen gibt. Wohlgemerkt: verglichen mit Grönland. Verglichen mit Mitteleuropa gibt es in Island natürlich wenig Menschen. Verglichen mit Afrika kommt es ganz drauf an.

Wie auch immer: Es gibt in Island jedenfalls so wenige Menschen, dass sie im täglichen Umgang auf den Gebrauch von Nachnamen verzichten, da dort fast alle miteinander verwandt sind und ohnehin gleich heißen. Was auf den ersten

Blick wie die putzige Grille eines sonderbaren archaischen Kleinvolks wirkt, ist in Wahrheit natürlich eine perfide Verwirrungsstrategie, die Verbrechern aller Couleur Schutz vor Verfolgung bietet. Das mit dieser Sitte einhergehende allgemeine Geduze macht die Sache nicht besser: Während man in Ländern mit der Anredeoption Du/Sie sofort Freund von Feind zu unterscheiden weiß (Du=Freund, Sie=Feind), fällt diese soziale Schnellorientierung in Island weg.

Seit Jahrtausenden ist diese Insel zudem vom Zorn der Götter geschüttelt. Ihr Versuch, Island praktisch unbewohnbar zu machen, drückt sich aus in plötzlichen Erdbeben, Erdrutschen, Seebeben, Orkanen, Vulkanausbrüchen (unter- und überirdisch sowie im Meer), giftigen Dämpfen, Verbrühungen, anhaltender Depression, Verwünschungen durch Trolle und Elfen und vieles mehr.

Was auch geschieht: Klammern Sie sich auf dieser unwirtlichen Insel mit aller Kraft an Ihr Leben. Sie haben vermutlich nur dieses eine. Die folgenden Sätze werden Ihnen dabei helfen.

Ist die Ausbruchsfrequenz dieses Geysirs zuverlässig erforscht?
Eru til áreiðanlegar rannsóknarniðurstöður um það, með hvaða millibili Geysir gýs?
Errü till auräidanlegar rannsouknarnidürstödür um tad, meed kwada mitlibiili gäisir giis?

Welche Fluchtroute empfehlen Sie bei einer erdbebenbedingten Massenpanik?
Hvaða flóttaleiðum mælir þú með, ef að kemur til fjöldaupþots vegna jarðskjálfta?
Kwada flouchtaläidum mäilir tu med, eff ad keemür till fjöldöipptots vegna jardskaulfta?

Falls hier noch jemand wohnt, wüsste ich gerne, ob er Arzt ist.
Ef það býr einhver annar hérna, hefði ég gjarnan viljað vita hvort hann er læknir.
Ef tad birr äinkwer annar herdna, hefdi jech gjardnan viljad vita kwort hann er läiknir.

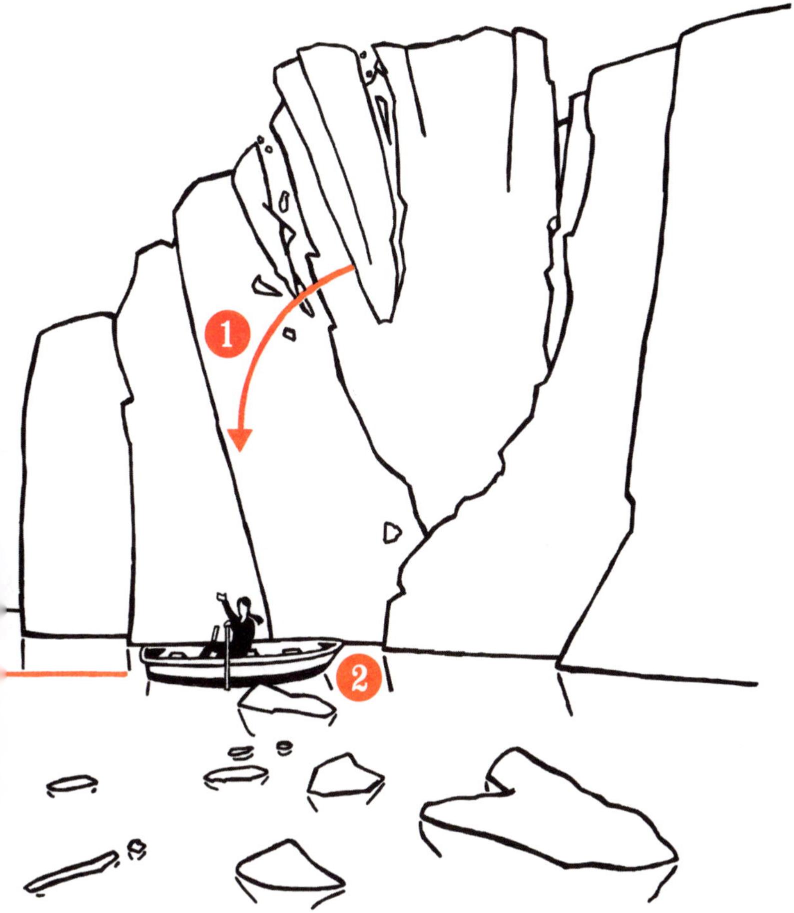

Welche Schritte gilt es einzuleiten, wenn der Gletscher kalbt?

Til hvaða ráðstafa á að grípa, þegar jökullinn kelfur?

Till kwada raudstawa au ad griipa, tegar jökütlin kälfür?

Ich wollte nur die Gurke kaufen, nicht den ganzen Supermarkt.

Ég vildi bara kaupa eina gúrku, ekki alla búðina.

Jech vilti baara köipa äina gurrku, echki atla buudina.

Mehr Licht!

Meira ljós!

Mäira ljous!

Sind Sie sicher, dass es für den Schwefelgeruch auf dieser Insel eine völlig rationale Erklärung gibt?

Ertu viss um að það sé til skynsamleg skýring á brennisteinsfýlu á þessari eyju?

Ertü viss um ad tad sje till skinsamleg skiiring au brennistäinsfilü au tessari äijü?

GASTRO-SPAR-TIPP:

Der Island-Tourist verarmt schnell. Mit etwas Fantasie befriedigt schon ein kurzer Aufenthalt neben dem Dunstabzug eines guten Restaurants ihre kulinarischen Bedürfnisse.

Stockt mein Körpereiweiß, wenn ich mich in diese heiße Quelle setze?
Þykknar eggjahvíta í líkamanum, ef ég fer ofan í hverina?
Tikknar eggjakwitau i liikamanüm, ef jech fär owan i kwerina?

Ein Gespräch mit den Einheimischen beginnen / »Breaking the ice«:

Euer Land erinnert an ein umgedrehtes Dampfbügeleisen.
Landið ykkar minnir á gufustraujárn á hvolfi.
Landid üchkar minnir au güwüströijaudn au kwolwi.

Wenn Sie sich in Sicherheit befinden:

Ich unterstütze das Walschutzprogramm von Greenpeace.
Ég er fylgjandi hvalfriðunarstefnu Grænfriðunga.
Jech er filgjandi kwalfridünarstepnü grainfridünga.

TESTEN SIE IHRE ÜBERLEBENSCHANCEN IM AUSLAND NORD

Lernzielkontrollebene 1

Welches isländische Wort warnt Sie vor einem Geysir?

a) Gay, Sir
b) Geisha
c) Geysir

Lernzielkontrollebene 2

Wie schützen Sie sich in Schweden effektiv gegen Mücken?

a) Autan
b) Moskitonetz
c) Flammenwerfer

Lernzielkontrollebene 3

Was versteht man unter *vargflocken*?

a) isländische Trockenfischraspel fürs Müsli

b) bevorzugtes Zahlungsmittel in der Region um Varberg in Mittel-westschweden

c) ein schwedisches Wolfsrudel

Ihre Überlebenschancen in Prozent:

0 mal c: 0 % – 5 %
1 mal c: 6 % – 25 %
2 mal c: 26 % – 75 %
3 mal c: 76 % – 100 %

AUSLAND OST

»Urlaub ist eine Mehrkampfdisziplin mit den Nachbarn.«
Charles Aznavour

»Angst ist für die Seele ebenso gesund
wie ein Bad für den Körper.«
Maxim Gorki

LEKTION 3

POLEN

Das Zauberwort in Polen ist das gleiche wie in Russland. Es beginnt mit W oder mit V, endet in jedem Fall aber mit -odka. Nicht ohne Grund heißt es im polnischen Volksmund: »Mit einer Flasche Wodka in der Hand reist sich's sicher durchs ganze Land.« Doch wie ist dieses Bonmot konkret zu verstehen?

Die Gefahren lauern in Polen – und darin unterscheidet sich dieses Land in keiner Weise vom Rest der Welt – vor allem im mikrobiologischen Bereich. Desinfektion ist deshalb auch hier das A und O: Sowohl die Mageninnenwanddesinfektion vor und nach der Nahrungszufuhr als auch die Entkeimung von Operationsinstrumenten vor chirurgischen Eingriffen aller Art werden standardmäßig mit Wodka durchgeführt. Eine sinnvolle Maßnahme und ein hübscher Brauch.

Im Allgemeinen gelten die Polen zu Recht als gastfreundliches und fröhliches Völkchen, doch sie nehmen es mit der Wahrheit nicht immer so genau. Beispielsweise brüsten sich die Polen gerne mit der Erfindung der Polenta (ein dicker Maisgrießbrei, erkaltet in Stücke geschnitten und gebraten), was schon zu handgreiflichen Auseinandersetzungen mit italienischen Touristen geführt hat. Sollten Sie bei einem solchen Streit zwischen die Fronten geraten, verhalten Sie sich neutral.

Auch die Behauptung vieler Polen, der Nordpol und der Südpol seien von einem Landsmann entdeckt worden, konnte bis heute von unabhängigen Historikern nicht bestätigt werden. Ebenso wenig die These einiger Hardliner, die mehr oder weniger organisierte Führung eines Staates, nämlich die Politik, habe sich von Polen aus in der ganzen Welt durchgesetzt. Die Vertreter dieser Theorie halten es für einen Beleg, dass die Exekutive im allgemeinen Sprachgebrauch als Polizei bezeichnet wird. Zwischen Krakau und Danzig wird also nach Herzenslust polemisiert. Reihen Sie sich mit folgenden Sätzen in die kommunikative Polonaise ein.

Ist die Zeckenzange auch für Nesselsuchtpatienten geeignet?

Czy szczypce kleszcza nadają sie dla pacjentów z pokrzywką?

Tsche schsschipzä kleschtscha nadayong chä dla patientuff sss pokschifkong?

Sind die Rauchmelder in Warschauer Hotels per Funk miteinander vernetzt?

Czy wykrywacze dymu w warszawskich hotelach są radiofonicznie połączone?

Tsche wikrewatsche demo w warschafskiech hotela song radiafonitschnjä polontschonne?

Erfüllt der von Ihnen angebotene Führerschein-Crashkurs die EU-Richtlinie 91/439/EWG?

Czy oferowany przez Pana szybki kurs prawa jazdy spełnia dyrektywy wytyczne EU 91/439/EWG?

Tsche oferowanne pschess pana schipki kurs prawa jasdee speunia direktive wititschne EU dschewiäntsch jedden (91)/tschtery tsche dschewiäntsch (439) E WU GIÄ?

KAROSSERIE-TIPP:
Die Fahrgestellnummer befindet sich an drei Stellen in Ihrem Fahrzeug. Zum einen meistens im Motorraum eingestanzt, zum anderen am Trittblech neben dem Beifahrersitz und außerdem im Kofferraum.

Der Grünstich dieser Krakauer scheint mir bedenklich.
Zielony kolor krakowskiej wygląda mi podejrzanie.
Gsiälone kolor krakowskiej wiglonda mi podejschanje.

Bitte geben Sie mir die Adressen der zehn nächstgelegenen Umlackierereien.
Proszę o podanie mi dziesięć adresów warsztatow lakierniczych z najbliższej okolicy.
Prosche o podanje mi dsiäschentsch adresuv warstatuv lackernitschih sss neiblischäi okolitze.

Was Sie sagen, wenn es zu spät ist:

Ich trinke Wodka, Sie amputieren.
Ja piję wódkę, Pan dokonuje amputacji.
Ja piä wudke, pan dokonuje amputazi.

Beim Autohändler:

Ich suche einen gebrauchten 3er-BMW mit leicht defektem Schiebedach, einem roten Samsonite-Koffer und einer halb aufgegessenen Bifi im Handschuhfach.

Poszukuję używanego BMW/trójki/z lekko uszkodzonym odsuwany dachem, czerwona walizkę Samsonite i jedną do połowy zjedzoną kielbaske Bifi zostawioną w skrytce.

Poschukujä uschewanego BÄH M WU truiki sss lek-ko uschkotsonem otsuwanimm dachem, tscherwonong waliske samsoneit i jednong do po-owwe siätsonnong kiäubaske bifi wsostawionnong w skritze.

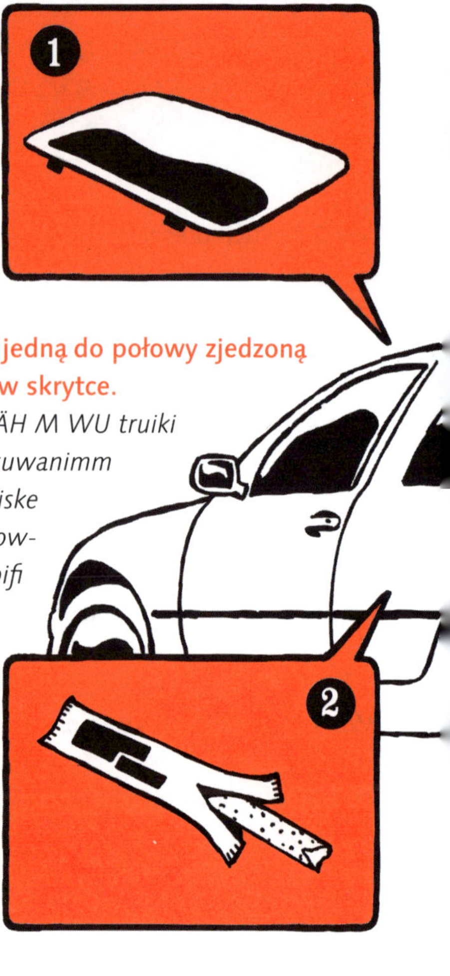

3

Wenn Sie sich in Sicherheit befinden:

Unser Papst lebt noch.
Nasz papież jeszcze żyje.
Nasch papjesch jeschtsche scheä.

Beim Discount-Chirurgen:

Ist diese Brustvergrößerung eventuell reversibel?
Czy to powiększenie piersi jest ewentualnie odwracalne?
Tsche to powiongkscheniä piärchi jest ewentualniä odwrazalnä?

Bitte noch ein bisschen mehr, dann machen mich meine Lippen unsinkbar.
Proszę jeszcze trochęwięcej, wtedy przez moje usta nie utone.
Prosche jeschtsche trochä wiäntzej, ftäde pschess mojä usta njä utone.

Wie viele Implantate halten Sie für sinnvoll?
Posiadanie ilu plantatów uważa Pan za rozsądne?
Poschadanjä illu plantatuff uwascha pan sssa ross-songdnä?

POLEN

LEKTION 4

RUSSLAND

Das Zauberwort in Russland ist das gleiche wie in Polen. Es beginnt mit W oder mit V, endet in jedem Fall aber mit -odka. Nicht ohne Grund heißt es auch im russischen Volksmund: »Mit einer Flasche Wodka in der Hand reist sich's sicher durchs ganze Land.« Doch wie ist dieses Bonmot konkret zu verstehen?

Anders als in Polen sollte man Wodka in Russland nicht als Desinfektionsmittel verwenden, da die Keime dort mittlerweile eine Wodka-Resistenz entwickelt haben. So stieg nachweislich die Keimbesiedlung in den russischen Notfallambulanzen von 4 auf 43 % pro Quadratmeter. Langsam scheinen die Bakterien die Oberhand zu gewinnen. Überlassen Sie ihnen das Feld, ansonsten besteht die Gefahr, dass sie durch den genetischen Austausch ihrer Abwehrmechanismen zu den gefürchteten multiresistenten Keimen mutieren.

Als unverzichtbar hat sich der Einsatz von Wodka dagegen in den Wisch-Wasch-Anlagen sämtlicher russischer Automarken erwiesen, da Wodka in den kapillargleichen Leitungssystemen durch hervorragende Adhäsionsfähigkeiten glänzt. Wasser kann da nicht mithalten. Der Einsatz von Wodka hat in Russland eine lange Tradition in der Transportmittelhistorie. Schon der sibirische Nationalheld Dmitri Michailowitsch Poscharski flößte seinem Pferd Natascha vor jedem Ritt durch die Tundra einen halben Liter Wodka ein. Denn er wusste, dass sein Pferd so zwar nicht immer auf direktem Weg, dafür aber fröhlich und ohne Erfrierungen ans Ziel gelangte.

Während sich das Nationalgetränk nach wie vor als wirksames Frostschutz- und Reinigungsmittel bewährt, findet es heute kaum noch Anwendung im Bereich der Beamtenbestechung. Seit dem Ende des Kalten Krieges gehören Korruption und Bestechung Gott sei Dank der Vergangenheit an. Sollten Sie heutzutage Probleme mit der Obrigkeit bekommen, lassen sich diese jederzeit mit vernünftigen Argumenten beilegen. Als hilfreich haben sich folgende Sätze erwiesen.

Ich kooperiere auch, wenn Sie keine Gewalt anwenden.
Не надо насилия, я буду сотрудничать с Вами и так.
Nje nada nasilija, ja budu sotrudnitschat s wami i tak.

Ich pflege keinerlei Untergrundkontakte zu tschetschenischen Rebellen.
Я не поддерживаю конспиративных связей с чеченскими боевиками.
Ja ne poderschiwaju konspiratiwnych swjasej s tschetschenskimi boewikami.

Ich halte auch nichts von Meinungsfreiheit.
Я сам не сторонник свободы слова.
Ja sam ne storonnik swabody slowa.

Plutonium ist viel zu kostspielig für einen wie mich.
Таким, как я, плутоний не по карману.
Takim, kak ja, plutonii ne pa karmanu.

Ich bin wirklich nur ein ganz kleiner Fisch.
Честное слово, я совсем мелкая рыбёшка.
Tschestnoe slowa, ja sawsem melkaja rybjoschka.

Doch, doch – natürlich ist Russland nach wie vor eine Supermacht!

Да, да, конечно, Россия была, есть и будет сверхдержавой!

Da, da, kaneschno, rossija byla, jest u budet swerchderschawoj!

Worin bestehen die landestypischen Vorsichtsmaßnahmen im Falle einer Nuklearkatastrophe?

Каковы меры защиты в Вашей стране в случае атомной катастрофы?

Kakavy mery saschitej v aschej stranje v slutschaje atomnoj katastrofoj?

Wenn Sie sich in Sicherheit befinden:

Mein Name ist Bond, James Bond.

Меня зовут Бонд, Джеймс Бонд.

Menja sawut bond, dschejms bond.

Jenseits der Promillegrenze:

Es wäre furchtbar nett, wenn Sie mir einen Wodka bringen würden. Gut gekühlt, bitte!

Принесите мне, пожалуйста, стаканчик водки, да холодненькой, если можно!

Prinesitje mne, poschalsta, stakantschik wodki,da chalodenkoj, jesli moschno!

Einen Wodka bitte, kühl!

Водки, пожалуйста, охлажденной!

Vodki, poschalsta, achlaschdjonnoj!

RUSSLAND

Noch ein'n!

Еще водочки!

Eschtscho vodotschki!

Wwwwod...wodd...
wwwoddga!

**ВВВВод...водд...
ввводочки!**

*WWWod...wodd...
wwwodotschki!*

Bei Verlust der Sprachfähigkeit: der praktische Hilferuf für die Brieftasche

Auch wenn Sie nicht wissen, was das ist: Ich habe vermutlich eine schwere Alkoholvergiftung.

Даже если у Вас в стране такой болезни нет, у меня, наверное, тяжёлое алкогольное отравление.

Dasche jesli u was w stranje takoj bolesni njet, u menja, nawernoe, tjascholoje alkagolnoe atrawlenije.

TESTEN SIE IHRE ÜBERLEBENSCHANCEN IM AUSLAND OST

Lernzielkontrollebene 1

Wie heißt das Zauberwort?

a) Bitte
b) Simsalabim
c) Wodka

Lernzielkontrollebene 2

Welche EU-Richtlinie muss Ihr polnischer Fahrlehrer unbedingt berücksichtigen?

a) 91/439/AEG
b) 91/439/RWE
c) 91/439/EWG

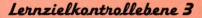

Lernzielkontrollebene 3

Als welches Tier sollten Sie sich ausgeben, um dem Geheimdienst zu entkommen?

a) toller Hecht

b) glatter Aal

c) kleiner Fisch

Ihre Überlebenschancen in Prozent:

0 mal c:	0 % – 5 %
1 mal c:	6 % – 25 %
2 mal c:	26 % – 75 %
3 mal c:	76 % – 100 %

AUSLAND EXTREM-OST

»Zuerst verwirren sich die Worte,
dann verwirren sich die Begriffe,
und schließlich verwirren sich die Sachen.«
chinesische Weisheit

»Wer den Feind umarmt,
macht ihn bewegungsunfähig.«
nepalesisches Sprichwort

CHINA

Yin und Yang – das klingt so harmlos wie H&M, C&A oder Heckler&Koch. Doch lassen Sie sich von diesen wohlklingenden Worten nicht einlullen. Auch die Bezeichnung »Land des Lächelns« für China sollte Sie nicht täuschen, denn sie stammt lediglich von einem ungarischen Operettenkomponisten namens Franz Lehár.

Im internationalen Mafia-Ranking, sozusagen der Champions League des organisierten Verbrechens, machen die Altmeister aus Italien gegen ihre chinesischen Kollegen schon lange keinen Stich mehr. Die Chinesische Mauer soll Gerüchten zufolge nicht nur zum Schutz vor Eindringlingen dienen, sondern darüber hinaus auch zahllose eingemauerte Mafiaopfer enthalten. Verzichten Sie daher besser auf saloppe Sprüche in Mauernähe – eine Verhaltensweise, die besonders älteren Berlinern oft schwerfällt.

Doch auch weniger saloppe Sprüche bergen im Reich der Mitte Zündstoff. Werden Sie beispielsweise Opfer eines Diebstahls und erklären der Polizei, der Täter sei ein »Schlitzauge mit schwarzen Haaren« gewesen, wird Ihnen das schnell als Beamtenbeleidigung ausgelegt, wenn nicht gar als Diffamierung des Parteichefs. Darauf folgt in der Regel ein recht kurzer Prozess. Es gibt wenige persönliche Erfahrungsberichte aus chinesischen Gefängnissen – ein Umstand, der Schlimmstes befürchten lässt. Verlassen Sie sich also in keiner Situation auf Menschenrechte, Polizeischutz oder Konfuzius! Üben Sie lieber folgende Sätze.

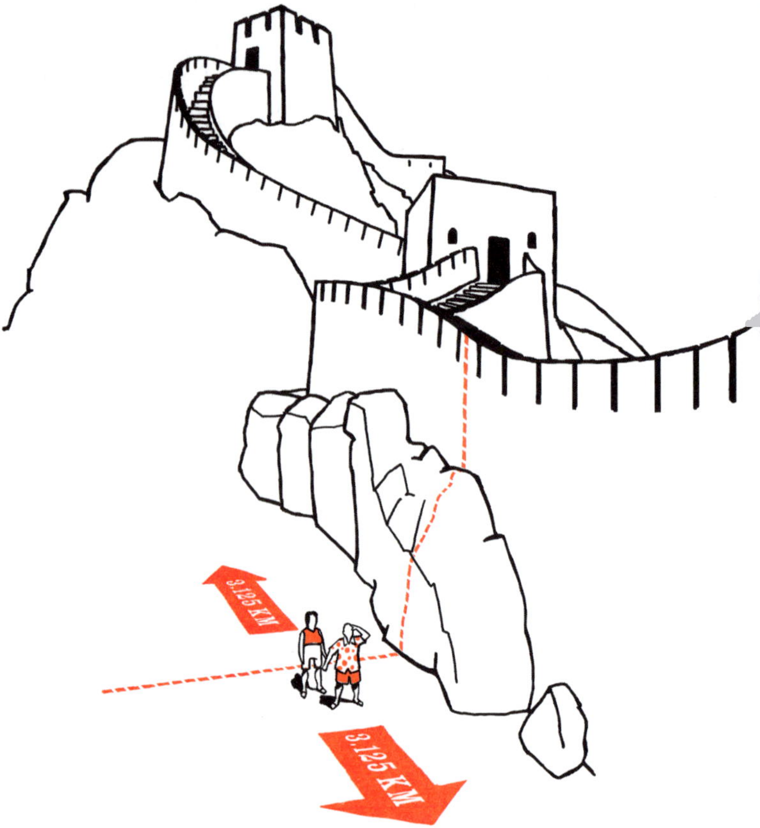

Ist diese Mauer noch sehr lang?

这一城墙还很长吗?

Dsch(e) i tsch(e)ng tschiang hai hen tschang ma?

Wissen Sie, woran diese Hühner verendet sind?
您知道这些鸡是怎么死的吗?
Nin dsch(e) dao dsch(e) schie dschi sch(e) dsen me s(e) de ma?

Wurde dieser Fallschirm in China hergestellt?
这把降落伞是中国制造的吗?
Dsche ba dschiang luo san sch(e) dschung guo dsch(e) zao de ma?

Sie können für jede Nadel, die Sie in mich hineinstechen, mit einer Einzelklage rechnen.
您扎进我身体穴位的每一根针，都可能引发我对您的一次起诉。
Nin dscha dschin uo schen ti schüe wäi de mei i gen dschen, dou ke neng jin fa uo dui nin d(e) i tz(e) tschi su.

Bruce Lee war mein bester Schüler.
李小龙曾是我最优秀的徒弟。
Li schiao lung z(e)ng sch(e) uo zui jou schiu d(e) tu di.

Bitte klopfen Sie mir auf den Rücken – mir steckt ein Krümel vom Glückskeks im Hals.

请您在我背上拍一下—
—幸运饼干渣呛住了我的喉咙。

Tsing nin zai o bei schang pai i chia – ching jün bing gan dscha tsiang tschu le uo de hou lung.

Die regionale Küche und ihre Tücken:

Nimmt man Eidechsen vom After her aus?
蜥蜴的内脏是从臀部掏出来的吗?
Schi i d(e) nei zang sch(e) zung tu(e)n bu tao tschu lai de ma?

Sind die Haare an den Spinnenbeinen zum Verzehr geeignet?
蜘蛛腿上的毛能吃吗?
Dschi dschu tui schang de mau neng tsch(e) ma?

Stammt dieses Pudelfleisch aus kontrolliert biologischer Aufzucht?
这是一块人工自然豢养的长卷毛狗肉吗?
Dsche sch(e) i kuai ren gung ds(e) ran chuan jang de tschang dsüen mau gou rou ma?

Gut Freund mit Chinesen:

Der Dalai Lama ist ein streitsüchtiger Giftzwerg.
达赖喇嘛是一个好斗的恶矮人。
Da lai la ma sch(e) i ge hau dou de (e) ai schen.

Wenn Sie sich in Sicherheit befinden:

Ihr seid zwar viele, seht aber alle gleich aus.
你们尽管人多，但长得都一样。
Ni men dsin guan ren duo, dan dschang de dou i jang.

KONFUZIUS SAGT:

Sind Sie die frittierten Insekten leid, sättigt Sie auch eine rasch angerührte Paste aus Reismehl, Natriumglutamat und Trinkwasser für einige Stunden.

LEKTION 6

INDIEN

Indien? Puh. Die haben einfach eine komplett andere Mentalität. Überall beginnt das Leben mit der Geburt, und überall bist du tot, wenn du stirbst. Nur hier nicht.

Dafür sorgen Brahma, Wischnu und Schiwa und unzählige weitere Götter, bei denen selbst eingefleischte Hindus schnell den Überblick verlieren. Bemühen wir mal den Brockhaus: »Alles Weltgeschehen realisiert sich nach hinduistischem Denken in sich wiederholenden Weltperioden, deren jede vier Weltzeitalter umfasst, in denen sich die Religion, die Rechtschaffenheit und die Lebensumstände der Menschen zunehmend verschlechtern: Krita (goldenes Zeitalter), Treta, Dvapara und schließlich das Kali-Yuga, die Zeit des Verfalls. Am Ende dieses letzten Zeitalters wird die Welt durch einen großen Brand zerstört, und nach einer Periode der Ruhe beginnt der geschilderte Weltprozess von Neuem.« Klar, oder?

Dieses charmant verquaste Weltbild lädt zum Mitmachen ein. Vor allem Menschen, denen das westliche Oben, Mitte, Unten, Gestern, Heute, Morgen, Weiß, Grau und Schwarz nicht genügend Spielraum für ihre Neurosen lässt, finden hier eine bunt glitzernde weltanschauliche Spielwiese. Da trink ich mal ein Glas Mango-Lassi, praktiziere den vornübergebeugten Hund und koche mir ein ayurvedisches Linsengericht mit richtig viel Kardamom. Das gibt ordentlich Punkte auf dem Karma-Konto, und schon ist das Glück nur noch fünf Bewusstseinszustände weit entfernt.

Auch in der Gesellschaftsstruktur spiegelt sich die wuchernde Spiritualität des Inders wider. Brahmanen, Kshatriyas, Vaishyas, Shudras und Parias bilden Gemeinschaften von häufig nur untereinander heiratenden Familien, die wiederum alle von angeblich gleicher Abstammung sind, ein relativ ähnliches Brauchtum pflegen, alle gleich heißen und auch dem gleichen Beruf nachgehen. Das gilt allerdings nicht immer. Denn selbst im Kastensystem gibt es viel Nebeneinander und Gleichzeitig und wenig Nacheinander und auch nur bedingt ein Übereinander. Klar, oder? Alles im Fluss. Auch der Müll. Aber programmieren können sie gut.

Sie haben bis jetzt nichts verstanden? Macht nichts. Sie werden auch auf Ihrer Reise nicht viel verstehen. Damit man zumindest Sie versteht, üben Sie vor Ihrem nächsten Leben folgende Sätze. Die Sprache heißt Hindi.

An welchen Körperstellen ist der bengalische Tiger am empfindlichsten?
बंगाल टाइगर शरीर के कौन से हिस्से में सबसे नाज़ुक होता है?
Bangaal taiger scharir ké koonsé hissé mäh sabßé naasuk hota hä?

Könnte Ihr Elefant den Baumstamm von meinem zerschmetterten Bein heben?
क्या आपका हाथी यह मेरी चूर-चूर हुइ टांग से पेड़ का तना हटा सकता है?
Kja aapka hahti jeh méri tschur tschur taang sé pehr ka tanna hadthaa sakta hä?

FALSCH

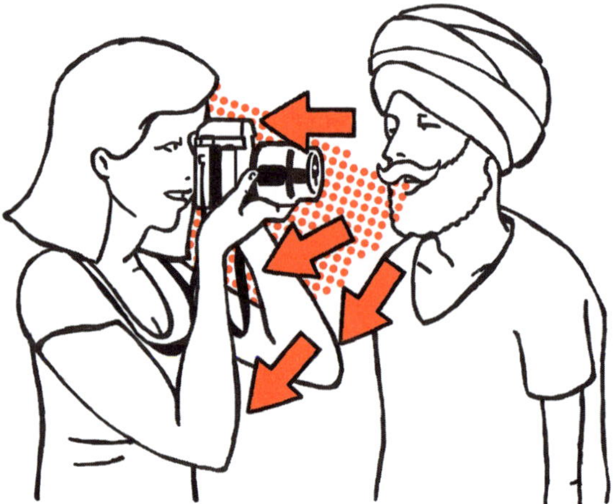

Haben Sie die Schlange in Ihrem Korb wirklich im Griff?
ये जो आपने टोकरी में सांप रखा है क्या आपने अच्छे तरीके से पकड़ा है?
Jeh dscho aapné tokri mä tsaap rackkha hä aapné kja atschi tarikeh ßé pakra hä?

Kleine verbale »Reiseapotheke«:

Würden Sie das Blut bitte in die andere Richtung husten?
क्या आप कपा कर के अपनी खाँसी का खून दूसरी दिशा खांस सकते हैं?
Kja aap kripja kar ke apni khansi ka kuhn dusri discha má khans sakte hä?

RICHTIG

Oder können Sie mir versichern, dass ich wirklich wiedergeboren werde?
और या फिर आप मुझे आशवासन दे सकते हैं कि मेरा हर हालत में पुनरजन्म होगा?
Oohr ja firr aap mudsché aaschwaasan deh sakté hä ki méra punardschanam har halaat mä hoga?

Wo kann ich das Sekret dieser Beulen untersuchen lassen?
जो मेरे घाव से पानी निकल रहा है क्या उस पानी की डाक्टरी हो सकती है?
Dscho méré ghaav sé paani nikal rahà hä kja us paani ki daaktari ho sakti hä?

Sind diese Bakterienstämme antibiotikumresistent?
क्या इस बैक्टीरिया की जाति पर वाकय में ऐन्टीबाओटिक्स का कोइ असर नहीं होगा?
Kja iß backtiria ki dschati per wakeei mé antibijatics ka ko'i assar nähì hota?

Hoppla! Sie haben gerade Ihren Finger verloren!
अरे यह तो आपकी उंगली ही कट गइ!
Aré! Jeh toh aapki anguli hi kat gaji hä!

Ich verlange eine *human*medizinische Untersuchung!
आप इसी वक्त मेरी इंसानी डाक्टरी-जांच कीजिए!
Aap ißi wakt méri woh daaktari dschaantsch kidschijé dscho manuschjon ki naki patschuon ki hoti hä!

Was Sie niemals sagen sollten:

Mahatma Gandhi war eine Memme.
----- wird aus Sicherheitsgründen nicht übersetzt -----
----- *entfällt* -----

GÖTTER-TIPP:
Der Parashu-Rama (»Rama mit der Axt«) empfindet die Opfergabe eines Margarinebrötchens als grobe Beleidigung.

LEKTION 7

ARABISCHE WELT

Arabien, Land des körnigen Sandes und der fliegenden Teppiche. Eigentlich gibt es gar kein Land namens Arabien, sondern nur eine Halbinsel, auf der sich mehrere Länder befinden – plus einige weitere Länder mal hier, mal da, wo man auch Arabisch spricht. Insgesamt erinnert das Gebiet aller arabischsprachigen Länder an einen von einem schlecht gelaunten Kind halb aufgegessenen Pfannkuchen. Fest steht, ein Großteil der Gegend besteht aus Wüste – und somit ist Wassermangel vorprogrammiert. Besser, Sie bereiten Ihren Körper rechtzeitig auf die drohende Dehydrierung vor: Kaufen Sie sich einige Wochen vor Reiseantritt einen Salzleckstein. Lecken Sie häufig daran, gönnen Sie sich aber pro Tag nur ein mittelgroßes Glas Wasser (am besten aus einer Pfütze, das gibt dem Körper bereits einen realistischen Eindruck von der auf ihn zukommenden Mikrobenbelastung). Das wird Sie mit dem Durstgefühl vertraut machen und Ihnen später die Qual erleichtern.

Die Flora in der Wüste glänzt vorwiegend durch Abwesenheit und birgt daher kaum Gefahren. Anders die Tierwelt.

Vieles, was Ihnen im Sand, im Wadi oder in der Oase begegnet, könnte entweder Ihren Körper als neues Zuhause betrachten oder sogar giftig sein. Meiden Sie daher dieses Getier, oder überzeugen Sie es mit adäquaten Mitteln davon dortzubleiben, wo es hingehört.

Wo keine Wüste ist, werden Sie unweigerlich auf Teppichmärkte stoßen – eine besonders große Gefahrenzone innerhalb der Grenzen des arabischen Pfannkuchens. Mancher Tourist ließ hier sein Leben, weil er die gängigen Verhandlungsfloskeln nicht beherrschte.

Seit dem Untergang des himyarischen Großreiches unter König Yusuf Asar Yatar, der nicht bei allen gleich beliebt war, hat sich auf der südlichen Halbinsel Arabiens eigentlich nicht mehr viel getan. Dafür in vielen anderen Teilen der arabischen Welt. Freundliche und feindliche Besuche und Gegenbesuche sind hier an der Tagesordnung. Egal, wie dabei die Stimmung ist: Es gibt immer was zu essen. Sprechen Sie aber nie mit vollem Mund, das gilt als äußerst unhöflich. Es wurden schon aus weit geringfügigeren Gründen Kriege begonnen. Nutzen Sie unsere folgenden Sätze im Notfall als weiße Flagge.

Wenn Sie mich aus dem Treibsand ziehen, wäre ich Ihnen zu größtem Dank verpflichtet.

إن أخرجتني من الرمال المتحركة أكون مديناً لك بالشكر

In achraschtani mina rrimali almutahrrikah akunu madinan laka bisch-schukr.

Hätten Sie die Güte, den Skorpion aus meinem Stiefel zu entfernen?

هل تترفق بي وتبعد العقرب من حذائي؟

Hal tataraffak bi wa tub-id al-akrab min hiza-ie?

Ich schwöre, dass diese Ölquelle schon vorher brannte!

أقسم بأن نبع النفط هذا كان يحترق

Uksem bi-anna nab-a al-naft haza kana yahtarik!

Lockert ein zügiger Kamelritt die Rückenmuskulatur?

هل يحل ركوب حثيث للجمل عضلات الظهر؟

Hal jahillu rukub hathieth lilschamal aadalat al-zahr?

Man kann über alles reden:

Ich konnte ja nicht ahnen, dass das hier ein geheimes Ausbildungscamp für Terroristen ist.

لم يكن بمقدوري أن أعلم بأنه يوجد هنا معسكر تدريبي سري للإرهابيين.

Lam jakun bimakduri an a'alam bi-annahu juschad huna mu-askar tadriebi sirri lil-irhabie-jen.

Habe ich Sie nicht schon mal in einem Bekennervideo gesehen?

ألم يسبق لي رؤيتك في شريط فيديو تصريحي؟

Alam jasbuk li ruyatuka fi schariet video tasriehi?

Meine Inkontinenz disqualifiziert mich als geeignete Geisel.

عجزي عن التحكم ببولي وغائطي لايؤهلني لأن أكون رهينة صالحة.

Aschzi an attahakkum bibauli wa ga-iti la yu-ahhiluni li-an akuna rahienatan salihah.

Lassen Sie uns dort hinüberrobben!

دعنا نختمها هناك

Da'ana nakhtimuha hunak!

Würden Sie bitte Ihren Sprengstoffgürtel dort hinten zünden?

هل لك رجاءً أن توقد حزام المتفجرات الخاص بك هناك في الخلف؟

Hal laka rascha-an an tuked hizam al-mutafadschirat al-khass bika hunaka fi al-chalf?

Nützliches für Verhandlungen auf dem Basar:

Ich überdenke den Preis, wenn Sie den Krummdolch wieder wegstecken.

سأفكر في السعر مجدداً إذا أعدت إغماد الخنجر المعقوف

Sa-ufakkiru fi ssir muschaddadan iza a'adta igmad al-khanschar al-ma'akuf.

Wollen Sie mich beleidigen?

هل تريد إهانتي ؟

Hal turiedu ihanati?

Ich verfluche Ihre Familie bis ins sechste Glied!

ألعن عائلتك حتى الجيل السادس

Al-anu aa-ilatuka hatta ischiel assades!

LESE-TIPP:

Lesen Sie Arabisch stets
.sknil hcan sthcer nov ←

TESTEN SIE IHRE **ÜBERLEBENSCHANCEN** IM AUSLAND EXTREM-OST

Lernzielkontrollebene 1

Wie vermeiden Sie in der arabischen Welt einen Krieg?

a) Werfen Sie nie den ersten Stein.
b) Begehren Sie nie Ihres Nächsten Weib.
c) Sprechen Sie nie mit vollem Mund.

Lernzielkontrollebene 2

An welchen Körperstellen ist der bengalische Tiger am empfindlichsten?

a) an den Fußsohlen
b) unter den Achseln
c) Da müssen Sie schon einen Einheimischen fragen.

Lernzielkontrollebene 3

In welcher Beziehung stand Franz Lehár zu China?

a) in einer angespannten
b) in einer leidenschaftlichen
c) in einer lockeren

Ihre Überlebenschancen in Prozent:

0 mal c:	0 %	–	5 %
1 mal c:	6 %	–	25 %
2 mal c:	26 %	–	75 %
3 mal c:	76 %	–	100 %

AUSLAND SÜD

»Als deutscher Tourist im Ausland
steht man vor der Frage,
ob man sich anständig benehmen muss
oder ob schon deutsche Touristen da gewesen sind.«

Kurt Tucholsky

LEKTION 8

ITALIEN

Pizza, Pasta und Prosciutto di Parma – mit diesen und vielen anderen wohlschmeckenden Spezialitäten frisst sich dieses sonnige Land seit langem in unsere ausgehungerten Herzen. Die Italiener sind unsere Lieblingsausländer, und eine Reise in die Toskana, nach Apulien oder Sizilien erscheint uns so alltäglich und gefahrlos wie ein Besuch in der Pizzeria um die Ecke. Doch Vorsicht! Spätestens seit Angelo am Ende eines Werbespots gestand: »Isch abe gar keine Auto!«, sollte uns klar sein, dass hinter der Fassade von Bella Italia ein Dickicht aus Lügen und Halbwahrheiten wuchert, auf die man als Reisender gefasst sein sollte. Zumindest, wenn einem sein Leben lieb ist.

Wenn Sie die Sätze dieses Kapitels sorgsam memorieren und zusätzlich folgende drei goldenen Regeln beachten, haben Sie gute Chancen, in einem Stück zurückreisen zu dürfen:

1 Egal, was passiert: Leugnen Sie jede verwandtschaftliche Beziehung zu italienischen Staatsangehörigen!

2 Hüten Sie sich vor der Versuchung, »mit Händen und Füßen« zu kommunizieren. Die italienische Gestik basiert auf einem komplexen semantischen Ur-Code, den man beherrschen muss, um folgenreiche Missverständnisse zu vermeiden.

3 Pasta ja – aber nur gekocht! Getrocknete, ungekochte Teigwaren sind hart und scharfkantig und können Sie und andere bei unsachgemäßer Handhabung leicht verletzen.

Anmerkung für allein reisende Frauen: Bei aufdringlichen Flirtversuchen wählen Sie einen beliebigen Satz aus dieser Lektion (Achtung! Außer: »Darf ich vorher noch ein letztes Mal telefonieren?«) und wiederholen ihn mehrfach. So werden Sie entweder für verrückt, lesbisch oder emanzipiert gehalten, und man wird Sie bald in Ruhe lassen.

Er war's!
Era lui!
Era lui!

Sie war's!
Era lei!
Era läi!

Um Himmels willen, ich schätze Ihre Frau nur im platonischen Sinne!
Per amor del cielo, stimo Sua moglie soltanto in senso platonico!
Per amor däl tschällo, stimo sua mollje soltanto in senso platoniko!

Nein, ich halte Ihre Mutter keineswegs für eine Prostituierte.
No, non penso che Sua madre sia una prostituta.
No, non penso kä sua madre sia una prostituta.

Die Methoden der Mafia durchschauen – Tricks mit Beton:

fig. 2

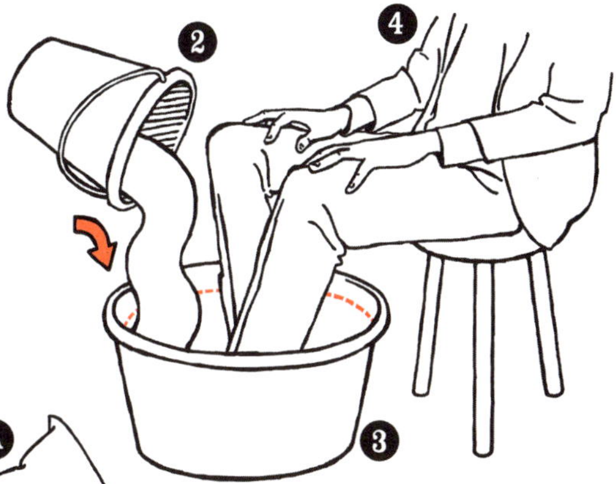

fig. 1

Ein Eimer (1) wird mit Zement (A) gefüllt wie in fig. 1 dargestellt. Wasser (B) wird hinzugefügt und zügig mit einem geeigneten Stab (C) verrührt, bis sich ein zähflüssiges, klümpchenfreies Gebinde gebildet hat. Dieses wird nun (fig. 2) aus dem Eimer (2) in eine Wanne (3) gefüllt, in der sich bereits die Füße des Opfers (4) befinden. Sollten Sie das Opfer (4) sein, empfiehlt sich jetzt folgender Notfall-Satz:

Sie haben meine Hosenbeine mit einbetoniert.

Ha ingessato anche i miei pantaloni con cemento armato.

A indjessato anke i miäi pantaloni kon tschemento armato.

ITALIEN

Darf ich vorher noch ein letztes Mal telefonieren?

Potrei fare prima ancora un'ultima telefonata?

Poträi fare prima ankora unultima telefonata?

Bei der Ehre meiner Mutter – ich bin unbewaffnet!

Sull'onore di mia madre – sono inerme!

Sullonore di mia madre – sono inärme!

Würden Sie bitte die Geschwindigkeit Ihrer Vespa drosseln? Ich hänge noch mit der Armbanduhr dran.

Potrebbe per favore ridurre la velocità della Sua Vespa? Mi trovo ancora agganciato con l'orologio.

Poträbbe per fawore ridurre la welotschitta della sua wespa? Mi trowo ankora aggantschato kon lorolodscho.

Gut Freund mit Mafiosi:

Leiche? Ich sehe hier keine Leiche.

Un cadavere? Non vedo nessun cadavere qui.

Un kadawere? Non wedo nessun kadawere kwie.

WURST-TIPP:
Luftgetrocknete Salami lässt sich im Notfall auch hervorragend als Schlagstock zur Abwehr von Taschendieben einsetzen.

Ein guter Richter liegt sechs Fuß unter der Erde.
Un buon giudice sta sei piedi sotto terra.
Un buon djuditsche sta säi piädi sotto terra.

Endlich sorgt hier mal jemand für klare Verhältnisse.
Finalmente qualcuno che si occupa di condizioni chiare.
Finalmente kwalkuno kä si okupa di kondizioni kiare.

Was Sie niemals sagen sollten:

Bitte überall Parmesan drauf!
----- wird aus Sicherheitsgründen nicht übersetzt -----
----- *entfällt* -----

LEKTION 9

SPANIEN

Spanien gilt zu Recht als das leichtsinnigste Land der Welt. Nirgendwo sonst gehen die Menschen so arglos mit Leib und Leben um. Die Mentalität der Spanier ist äußerst rätselhaft, was sich besonders in ihren Bräuchen widerspiegelt, vor allem in ihren Festen, auch »Fiestas« genannt.

Im ganzen Land feiert man immer am ersten Sonntag nach Mariä Lichtmess die *Fiesta de parcoplatzo*, die auf die nicht einmal in den Apokryphen erwähnte Spanienreise der Apostel zurückgeht. Als die Apostel die damals schon dicht bebaute Stadt Cádiz erreichten, mussten sie mit ihren Eselkarren mehrere Runden durch die Altstadt drehen, ehe schließlich Paulus mittels eines Wunders eine Freifläche im Gassengewirr schuf. Dieses freudigen Ereignisses gedenken die Spanier heute noch, wenn sie unter Beschallung mit lauter Volksmusik in der Festnacht stundenlang wahllos ihre Autos umparken, teilweise unter erheblichem Alkoholeinfluss. Als unbeteiligter Fußgänger gilt es in dieser Nacht, besondere Vorsicht walten zu lassen. Sind Sie mit dem Auto unterwegs, lassen Sie sich einfach mitreißen von der südländischen Lebenslust, und parken Sie ab und zu mal mit.

Auf die *Fiesta de parcoplatzo* folgen *Las semanas aburridas* (die langweiligen Wochen), eine Zeit des Verzichts auf alle motorisierten Fortbewegungsmittel, die auf ein skurril anmutendes, aber historisch nachgewiesenes Ereignis im 9. Jh. nach Christus zurückgeht: Aus lauter Langeweile unternahm eine baskische Splittergruppe einen langen Spaziergang, im Gepäck einzig ein paar Leberwurstbrote und hart gekochte Eier. Als sie nach Santiago de Compostela gelangten, teilten sie mit einer armen Familie ihr letztes Leberwurstbrot und mussten dann auf dem Absatz kehrtmachen, um neuen Proviant zu besorgen. Auf halbem Weg begegneten sie glücklicherweise dem sturzbetrunkenen Jakob, entwendeten ihm sein letztes Brot und prahlten danach oft damit, sie hätten »dem Jakob 's weg« genommen. Das Wissen um diese Begebenheit ging im Sturm der Jahrhunderte verloren, der Ausdruck »Jakobsweg« blieb und wurde später von der katholischen Kirche zu eigenen Zwecken missbraucht. Passen Sie also auf, dass man Ihnen nicht das Wort im Mund umdreht, und verinnerlichen Sie folgende Sätze.

Beeindruckt es den Schlägertrupp, wenn ich mir selbstbewusst ans Gemächt fasse?
¿Le impresiona al grupo de peleones si me toco resueltamente mis cojones?
Le impresiona al gruppo de peleones si me tocko resueltamente mis kochones?

Hilft Flamencotanz tatsächlich bei der Verarbeitung frühkindlicher Traumata?
¿El baile flamenco ayuda realmente a la superación de traumas sufridos en la infancia?
El baile flamenko ajuda realmente a la superassjonn de traumas sufriidos en la infansia?

Bitte schaffen Sie mich zur Ambulanz – ich bin von einer Prozession überrollt worden!
Por favor lléveme al ambulatorio, he sido arrollado por una procesión!
Por fawor jeweme al ambulatorio, e sido arojado por una prosesionn!

Befallen die Krätzmilben dieses herrenlosen Hundes auch menschliche Wirte?
¿Atacan las sarnas de este perro abandonado también a dueños humanos?
Atakan las sarnas de este perro abandonado tambienn a duenjos umanos?

Mallorca-Special:

Hilfe, ich werde von einem betrunkenen Kegelclub verfolgt!
¡Socorro, me está persiguiendo un club de jugadores de bolos borrachos!
Sokorro, me essta persigjendo un klub de chugadores de bolos boratschoss!

RANDOLPH LIONS SPEZIAL-TIPP:

Olivenöl entfernt Obstflecken auf Ihrer Kleidung zwar nicht, verleiht ihnen aber einen schönen Glanz.

In der Arena:

Ich habe nie behauptet, alle Stierkämpfer seien schwul, nur weil sie rosa Strümpfe tragen!
¡Yo nunca he afirmado que todos los toreros son maricones, sólo porque lleven calcetines rosados!
Jo nunka e affirmado ke todos los toreros son marikonnes, sollo porke jewan kalsetiines rosados!

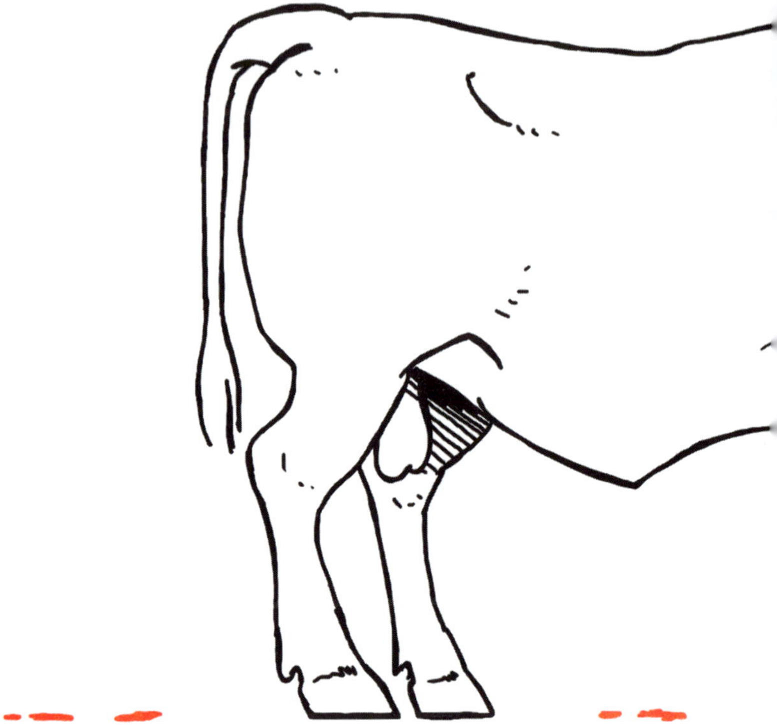

Kann ich an den Hörnern erkennen, ob er nur spielen will?

¿Puedo reconocer en los cuernos si solamente quiere jugar?

Puedo rekonoser en los kuernos si solamente kiere chugar?

SPANIEN

Ich lasse mir den Spieß nur von einem diplomierten Lungenspezialisten entfernen.
Sólo me dejo quitar la lanza de un especialista de pulmón titulado.
Sollo me decho de kitar la lansa de un espesialista de pulmonn titulado.

Die regionale Küche und ihre Tücken:

Ist eine gut sortierte Reiseapotheke Voraussetzung, um diese Paella ohne Reue genießen zu können?
¿Es un botiquín bien surtido requisito para poder saborear esta paella sin arrepentimiento?
Es un botikinn bienn surtido rekisito para poder saborear esta paeja sin arrepentimiento?

Halten Sie mich nicht für unhöflich, doch eine schwere Knorpelentzündung im Kieferbereich macht mir den Verzehr dieses Tintenfischgerichts schlicht unmöglich.
No me tenga Usted por descortes, pero una grave inflamación en la zona madibula me lo hace sencillamente imposible comer este plato de sepia.
No me tenga usted por deskortess, pero una grawe inflamassion en la sona madibula me lo asse sensijamente imposible komer este platto de sepia.

LEKTION 10

TÜRKEI

In den sechziger Jahren zeigten die Deutschen den Türken ihre Gastfreundschaft und luden sie ein, bei ihnen zu arbeiten. Dieser Einladung kamen viele Türken gerne nach. Mittlerweile ist es uns zur Gewohnheit geworden, die Türkei mit regelmäßigen Gegenbesuchen zu beehren, wenngleich ohne Einladung und ohne die Absicht, in der Türkei einen Kiosk oder Gemüsestand zu eröffnen.

Trotz dieser engen, jahrzehntealten freundschaftlichen Bande klaffen kulturelle Unterschiede zwischen beiden Völkern, die zuweilen gesundheitlich bedenklichen Blutverlust nach sich ziehen.

In der Türkei weist eine durchschnittliche Familie erschreckend viele Mitglieder zur Sippenverteidigung auf. Der Beruf des Babysitters ist deshalb dort unbekannt. Stellen Sie sich darauf ein, wenn Sie Ihre Reise planen! Doch auch wenn es nicht um Kinderbetreuungsfragen geht, empfiehlt sich eine gründliche Vorbereitung vor Reiseantritt. Denn in der Türkei gilt wie im Rest der Welt: Ein falsches Wort, ein falscher Blick, und es könnte sein, dass Sie Ihre Tomaten an der Kasse stehen lassen und die Beine in die Hand nehmen müssen. Andererseits wird die körperliche Gewalt, die Ihnen droht, durch die gesunde Küche mehr als wettgemacht. Viel frisches Gemüse, ungesättigte Fettsäuren und der verstärkte Einsatz von Knoblauch in der einheimischen Kost schützen Sie hervorragend vor Vampiren und Thrombosen. Rechnet man all diese Aspekte zusammen, zieht die Wurzel daraus und schickt das Ergebns einmal durch den Gefahrenkalkulator, ergibt sich ein Letalitätsquotient von 3,75. Das geht.

Zurück zu gefährlichen falschen Worten: Als Deutscher könnte man sich leicht zu der Annahme verführen lassen, alle Türken sprächen Deutsch. Dem ist nicht so. Deshalb sollten Sie, bevor Sie in die Türkei reisen, einige wichtige Sätze auf Türkisch lernen. Es könnte Ihr Leben davon abhängen.

Ich habe Ihre Schwester nicht geküsst.

Kız kardeşinizi öpmedim.

Kis kardeschinisi öpmedim.

Ich genieße diplomatische Immunität.

Diplomatik dokunulmazlıktan yararlanıyorum.

Diplomatik dokunulmasliktan jararlanijorum.

Nein, ich habe keine kurdischen Verwandten.

Hayır, Kürt asıllı akrabalığım yok.

Hajir, kürt aßilli akrabali'im jock.

EXISTENZGRÜNDUNGS-TIPP:
Begründen Sie eine neue Tradition! Eröffnen Sie einen deutschen Gemüsestand in der Türkei.

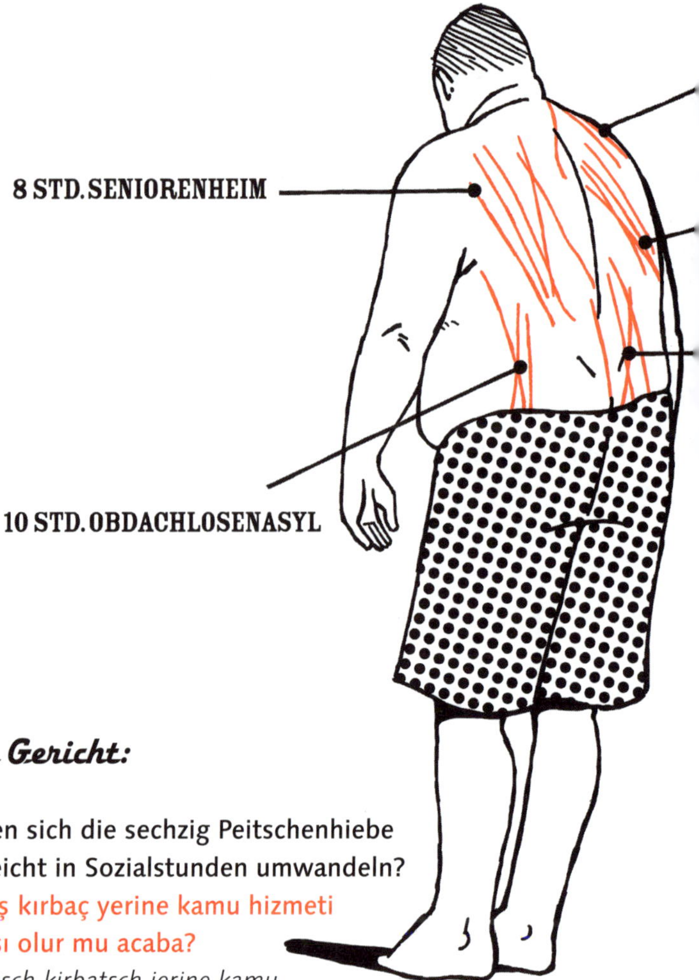

Vor Gericht:

Lassen sich die sechzig Peitschenhiebe vielleicht in Sozialstunden umwandeln?
Atmış kırbaç yerine kamu hizmeti cezası olur mu acaba?
Atmüsch kirbatsch jerine kamu hismeti dschesaße olur mu adschaba?

12 STD. WAISENHAUS

6 STD. ARMENKÜCHE

14 STD. MÜLL SAMMELN

Ich halte meinen Pflichtverteidiger für befangen.
Mecburi avukatım taraflı olduğunu zannediyorum.
Medschburi awokatem tarafle oldu'unu sannedijorum.

Ich habe Ihnen vorsichtshalber die Genfer Konvention kopiert.
Ne olur ne olmaz, size Cenevre Konvansiyonundan bir kopya ettim.
Nä olur nä olmas, ßise dschenewre konwanßijonundan bir kopja ättim.

Im Zweifel für den Angeklagten!
Şüpheden sanık yararlanır!
Schüpheden ßanik jararlanir!

Bevor Sie zuschlagen:

Wie viele Brüder haben Sie?
Kaç erkek kardeşiniz var?
Katsch erkäck kardeschinis war?

Wie viele davon leben in Deutschland?
Onlardan kaçı Almanya'da yaşıyor?
Onlardan katsche almanjada jascheyor?

Gut Freund mit Türken:

Gyros ist die primitive Form von Döner.
Gyros, düşük değerli bir dönerdir.
Güros, düschük dejerli bir döner'dir.

Döner macht schöner.
Döner güzelleştirir.
Döner güselleschtirir.

LEKTION 11

GRIECHENLAND

Ihr Griechenland-Urlaub im Schnelldurchlauf:

☞ Verstauen Sie Ihr Frolic unbedingt im Handgepäck, damit Sie es jederzeit griffbereit haben. Es schadet nicht, schon beim Hinabsteigen der Gangway eine Handvoll Frolic auf das Rollfeld zu werfen. Das minimiert die Wahrscheinlichkeit, von einem Rudel herrenloser Hunde bedrängt zu werden. (Auf die Unterstützung der Einheimischen können Sie dabei nicht hoffen; die Existenz der verwilderten Hunde wird verdrängt bis hin zur kompletten Verleugnung.)

☞ Achten Sie im Taxi auf griechisch-orthodoxe Symbole oder Kultgegenstände. Erspähen Sie solche, rufen Sie: »Myron, myron!«, und geben Sie dem Taxifahrer so zu verstehen, dass Sie in Ihrer frühen Jugend die gleichnamige Salbung der orthodoxen Kirche empfangen haben und sich darüber noch heute freuen. (So zahlen Sie keine überzogenen Touristenpreise.)

☞ Haben Sie ein Hotel unter vier Sternen gebucht, bestehen Sie darauf, dass der Page als Erster den Balkon betritt und einige Minuten auf der Stelle hüpft.

☞ Bevor Sie Ihr Handtuch am Strand ausbreiten, untersuchen Sie Ihren präferierten Liegeplatz bis in eine Tiefe von 10 cm gründlich mithilfe eines Stocks oder eines mitgebrachten Nudelsiebs. Im Zuge der Klimaerwärmung fühlt sich seit einigen Jahren der Sandzahnsalamander an griechischen Stränden heimisch. Er ernährt sich vorzugsweise von Hornschuppen anderer Wüstenreptilien und macht bei seiner Nahrungssuche auch vor menschlichen Fuß- und Fingernägeln nicht Halt.

☞ Sind Sie gezwungen, sich im Restaurant ganz oder teilweise gestisch und mimisch verständlich zu machen, beachten Sie, dass Kopfnicken hier »Nein« heißt, Kopfschütteln aber nicht »Ja«, sondern »Nein, Sie Arsch!« und Kopfkreisen: »Ich hätte gerne einen Salat ohne Zwiebeln.«

Weitere lebensrettende Tipps entnehmen Sie der folgenden Lektion.

Hilfe! Ich bin hier unten im Brunnen!

Βοηθεια! Ειμαι εδω κατω στο πηγαδι!

Woissea! Imme edo kato sto pidawi!

Ich möchte erst die TÜV-Plakette dieser Fähre sehen.

Θα ηθελα πρωτα να δω την ταυτοτητα αυτου του πλοιου.

Ssa issella prottanado tientawtottita aftu tu pliu.

Ist die hiesige Dorffeuerwehr in der Wald- und Flächenbrandbekämpfung ausgebildet?

Ειναι η τοπικη πυροσβεστικη υπηρεσια εκπαιδευμενη στην κατασβεση δασικων και μεγαλων εκτασεων πυρκαγιων?

Inne i topiki piroswestiki ipiressija ekpewedmeni stien katawessi dessikon ke meralon ektassion pirkajon?

RANDOLPH LIONS SPEZIAL-TIPP:

Denken Sie daran, vor der Abreise Ihre Frolic-Bestände aufzufüllen! Kurz vor dem Abflug werden Sie sie sicher wieder brauchen.

Rezept für einen Akropolis-Teller:

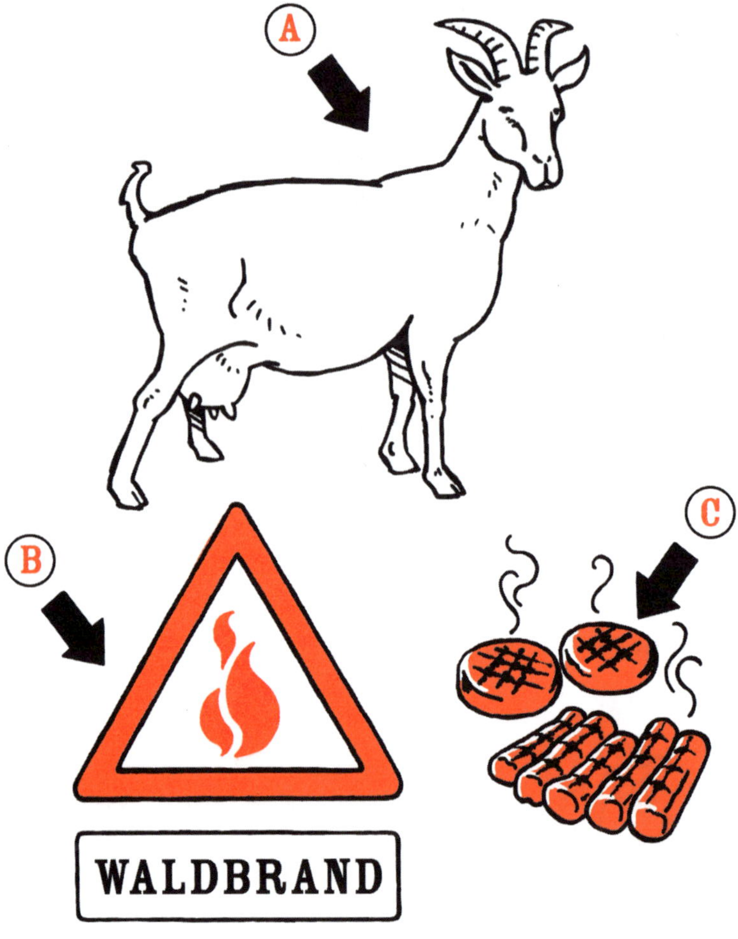

Kleine verbale »Reiseapotheke«:

Wären Sie so freundlich, mir den Magen auszupumpen?
Θα ειχατε την καλοσυνη να μου κανετε μια πλυση στομαχου?
Ssaa ichatä tien kalossiini na mo kannetä mija plissi stomacho?

Vielleicht könnte der Orthopäde hierher kommen? Sonst muss die ganze Sirtaki-Tanzgruppe mit in die Klinik.
Μηπως θα μπορουσε ο ορθοπαιδικος να ερθει εδω? Αλλιως θα πρεπει ολο το χορευτικο να προωθηθει στο νοσοκομειο.
Mippos ssa borusse o orthopädikkos na erssi edo? Alliossa pretti oollo to horewtikko na pro-ossissi stonossokomio.

In welchem Maße beeinträchtigt der unverdrossene Metaxa-Genuss die Blutgerinnung?
Σε ποιο βαθμο επηρεαζει η υπερβολικη καταναλωση Μεταξα τη ροη αιματος?
Ssepjo vassmo epiriadi i ipärvolliki katanallossi metaxa ti rroi emmatos?

Entsprechen die gängigen OP-Verfahren hierzulande mitteleuropäischem Standard?
Αντιστοιχει η πιο συνηθισμενη μεθοδος εγχειρησης εδω με τα στανταρ της Κεντρικης Ευρωπης?
Andisstissi i pjo ssinnississmänni medodos enchirissis edo mäta standarr dis kenderikis ewroppiss?

Gut Freund mit Griechen:

Döner ist die primitive Form von Gyros.
Κεμπαμπ ειναι η πρωτογονη μορφη του γυρου.
Kebab inne i protorunni morrfi tu jiro.

Ich bin ein Cousin von Otto Rehhagel.
Ειμαι ξαδελφος του Οττο Ρεχαγκελ.
Imme xadelfos tu ooto rehhagel.

Beim Zeus! Das nenn ich mal einen Damenbart!
Μα το Δια! Αυτο πραγματικα μπορει κανεις να το αποκαλεσει γυναικειο μουσι!
Maatodia! Afto pragmatika borri kannis na to appokalessi jinnikio mussi!

Wenn Sie sich in Sicherheit befinden:

Sokrates war ein versoffener Korinthenkacker.

Ο Σωκρατης ηταν ενας μεθυσος εκ του ασφαλους.

O sokrates itan ennas messissos äktuassfallus.

GRIECHENLAND

TESTEN SIE IHRE ÜBERLEBENSCHANCEN IM AUSLAND SÜD

Lernzielkontrollebene 1

Welche Sprache spricht man in der Türkei?

a) Deutsch
b) gebrochen Deutsch
c) Türkisch

Lernzielkontrollebene 2

Wie tief sollte ein guter Richter unter der Erde liegen (vom Standpunkt der Mafia her gesehen)?

a) 2 Fuß
b) 4 Fuß
c) 6 Fuß

Lernzielkontrollebene 3

Was sollten Sie mit nach Athen tragen?

a) das olympische Feuer
b) Eulen
c) Frolic

Ihre Überlebenschancen in Prozent:

0 mal c:	0 % – 5 %
1 mal c:	6 % – 25 %
2 mal c:	26 % – 75 %
3 mal c:	76 % – 100 %

AUSLAND KLEIN

»Reden lernt man durch reden.«
Marcus Tullius Cicero

LEKTION 12

VATIKAN

Habemus papam! Diesen bedeutungsvollen Satz übersetzen die meisten Vatikan-Touristen aus dem Stegreif mit »Haben Sie Pampelmusen?«. Tatsächlich bedeutet er, dass ein Haufen rot gewandeter Christen-Schamanen ihren Lieblings-Hohepriester gewählt haben, und das zeigt deutlich, wie sehr Verständigungsprobleme die Realität verzerren können.

Auch andere im Vatikan gebräuchliche Redewendungen übersetzt der Laie gern falsch. Mit »cave canem« bestellt man keine »Kaffeekanne«, sondern warnt vor Bissverletzungen durch falsch erzogene Hunde. Mit einem »corpus delicti« lobt man nicht den Restaurantchef für seinen »delikaten Knorpel«, sondern zeigt ihm die Fliege in der Suppe.

Nun ja, errare est zwar humanum, aber vermeidbar. Im Gegensatz zu allen anderen Ländern dieser Welt gilt nämlich auf dem Staatsgebiet des Vatikans für Sie: Reden ist Silber, Schweigen ist Gold – denn nirgendwo ist die Wahrscheinlichkeit so hoch, dass Sie in ein weltanschauliches Fettnäpfchen treten und ein Leben lang die daraus resultierenden Konsequenzen ertragen müssen. Beschränken Sie sich deshalb eisern auf die von uns empfohlenen drei Sätze, und berufen Sie sich ansonsten gestisch auf Ihr Schweigegelübde.

Zusätzlich gilt es, einige tradierte Verhaltensregeln zu beherzigen. Küssen Sie ab und an den Goldring eines Passanten (ruhig wahllos). Machen Sie stets eine schuldbewusste Miene, und verleihen Sie so den Einheimischen das Gefühl, dass Sie für die bei ihnen gefundene Vergebung aus tiefstem Herzen dankbar sind. Dabei ist Überzeugungskraft das A und O. Um Ihre Stimmung zusätzlich zu verdunkeln, führen Sie sich einfach vor Augen, dass außerhalb der Vatikangrenzen das schillernde italienische Leben pulsiert. Achten Sie auch auf Ihr äußeres Erscheinungsbild. In puncto Kleidung eignet sich stets der Fashion-Style »in Sack und Asche«, und als Make-up empfiehlt sich der kränkliche »Nude-Look«. Auf teure italienische Schuhe können sie getrost verzichten; der Manolo Blahnik des überzeugten Sünders heißt »barefoot«. Der Rest ist Beten.

Wo finde ich die Damentoilette?
VBI EST CLOACA VIRGINVM?
Ubi esst kloaka virdschinum?

Ein Wunder, bitte! Schnell!
MIRACVLVM PETO! SVBITE!
Mirakulum petto! Subbite!

Gnade!
GRATIA!
Grazia!

KOSMETIK-TIPP:
Unkompliziert und preisgünstig erreicht man den blässlichen Nude-Look durch großzügigen Einsatz von Penaten-Creme.

Was Sie niemals sagen sollten:

Allah ist groß. Und Mohammed ist sein Prophet.
----- wird aus Sicherheitsgründen nicht übersetzt -----
----- *entfällt* -----

Mein Lieblingsbuch ist »Sakrileg«.
----- wird aus Sicherheitsgründen nicht übersetzt -----
----- *entfällt* -----

Ich bevorzuge Kondome mit rosa Noppen.
----- wird aus Sicherheitsgründen nicht übersetzt -----
----- *entfällt* -----

Ich bin schwul.
----- wird aus Sicherheitsgründen nicht übersetzt -----
----- *entfällt* -----

Ich nehme die Pille.
----- wird aus Sicherheitsgründen nicht übersetzt -----
----- *entfällt* -----

Niemand ist unfehlbar.

----- wird aus Sicherheitsgründen nicht übersetzt -----

----- *entfällt* -----

Jesus who?

----- wird aus Sicherheitsgründen nicht übersetzt -----

----- *entfällt* -----

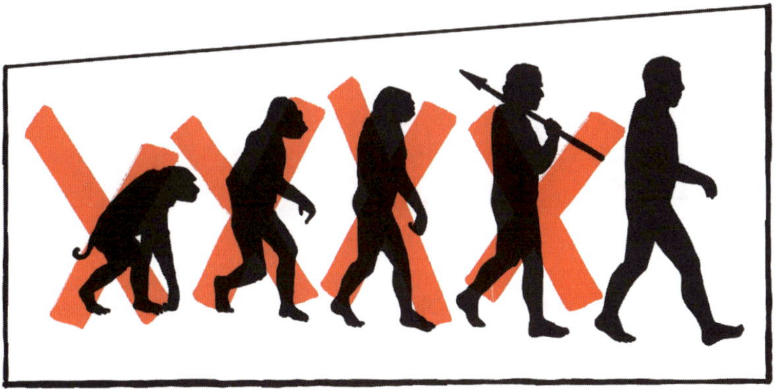

Der Mensch stammt vom Affen ab.

----- wird aus Sicherheitsgründen nicht übersetzt -----

----- entfällt -----

Wenn Sie sich in Sicherheit befinden:

Entfällt – im Vatikan ist man niemals sicher.

LEKTION 13

SCHWEIZ

Es heißt nicht umsonst: »Die Schweiz hat keine Armee, die Schweiz ist eine Armee.« Deshalb sollten Sie sich diesem Land stets mit dem nötigen Respekt nähern. Immer wieder kommt es vor, dass ein patriotischer Schweizer bewaffnet durch die Berge streift und auf jeden schießt, der ihn nicht versteht. Die Kenntnis der eigenwilligen Landessprache ist also ein neuralgischer Punkt im Umgang mit Schweizern. Diese Tatsache wurzelt tief in der Historie des Landes. Nach neuesten Erkenntnissen geht das Schwyzerdütsche nämlich nicht, wie bisher weithin angenommen, auf das Deutsche zurück. Vielmehr ist es eine im Laufe der Jahrtausende weiterentwickelte Stufe einer Nuristani-Sprache, die eigentlich in Afghanistan zu Hause ist.

Im Zuge der Völkerwanderung hatte sich eine kleine Gruppe Nuristani-Sprecher mitsamt ihrem Idiom auf dem heutigen Gebiet der Schweiz häuslich eingerichtet. Dass das Schwyzerdütsche viele Parallelen zum Deutschen aufweist, ist also lediglich ein erstaunlicher Zufall. Verwandt sind beide Sprachen nicht.

Zugegebenermaßen gibt es das eine oder andere eingeschleppte Lehnwort, das Ihnen bekannt vorkommen mag, doch erst wenn die Einheimischen das Feuer einstellen, können Sie sicher sein, dass Sie das Schwyzerdütsche tatsächlich beherrschen. Auf dem Weg dorthin möchten wir Sie gerne begleiten: Folgen Sie unbedingt der von internationalen Experten speziell entwickelten *Ausländisch-für-Notfälle*-Lautschrift.

Praktisch unmöglich wird dies allerdings mit Brandblasen auf der Zunge. Beim Verzehr des schweizerischen Nationalgerichts (Käsefondue) kommt es regelmäßig zu schwerwiegenden Verletzungen. Ignorieren Sie deshalb getrost die missbilligenden Blicke der Einheimischen, wenn Sie Ihr Fondue mehrere Minuten mithilfe eines Kaltluftföns auf eine optimale Verzehrtemperatur herabkühlen. Nicht nur Ihr Gaumen wird es Ihnen danken.

Haben Sie das Willkommensmahl schließlich unverletzt überstanden, gilt es, in diesem kleinen Land weitere große Gefahren zu meistern. Hohe Berge, grüne Wiesen, klare Seen? Ha ha! Wo hohe Berge sind, gibt's tiefe Schluchten, wo grüne Wiesen sind, weiden aggressive Nutztiere, und die klaren Seen bieten viele Möglichkeiten, zu ertrinken oder auch ertrunken zu werden.

Neutralität hin oder her – ziehen Sie mich hier raus!
Neutralität hin odr her – zient Si mich da use!
Neutralidät hin odr her, zient si mich da use!

In den See, in den See, mit einem Gewicht an den Füßen!
I de See, i de See, mit en em Gwicht a de Füess!
I de see, i de see, mit en em gwicht a de füess!

Hätten Sie die Güte, die Piste nach weiteren Körperteilen von mir abzusuchen?
Hättet Si d'Güeti, d'Pischte nach wiitere Körperteil vo mir ab'zueche?
Hättet si d'güeti, d'pischte nach wiitere körperteil vo mir ab'zueche?

Nichts gegen Ihr Schweizer Messer – aber sind Sie sicher, dass Sie damit eine Lebertransplantation durchführen können?
Nüüt gäge Ires Schwiizermessr – abr sint Si sicher, dass Si da demit ä Läbberetransplantazion könnt dure füere?
Nüüt gäge ires schwiizermessr, abr sint si sicher, dass si da demit ä läbberetransplantazion könnt dure füere?

Beherrschen Sie das Notfall-Morsealphabet für Alphörner?

Beherrschet Si s'Notfall Morsealfabet für Alphörner?

Beherrschet si s'notfall morsealfabet für alphörner?

Ich möchte die Rektoskopie nur von einem Mann durchführen lassen.

Ich wetti d'Rektoskospie nur vo ene Maa dure füere laa.

Ich wetti d'rektoskospie nur vo ene maa dure füere laa.

Wenn Sie sich in Sicherheit befinden:

Ihr dreckigen Schluchtenscheißer!

Ir dräckige Hoseschiisser! (leicht entschärft)

Ir dräckige hoseschiisser!

Setzen Sie bei verschütteten Hundehaarallergikern rasierte Bernhardiner ein?

Setzet Si bi verschüttete Hundehaarallergigkern rasierti Bernardiner ii?

Setzet si bi verschüttete hundehaarallergigkern rasierti bernardiner ii?

FALSCH

SCHWEIZ

RANDOLPH LIONS SPEZIAL-TIPP:
Haben Sie keine professionelle Schermaschine zur Hand, eignet sich ein Victorinox-Taschenmesser ebenfalls hervorragend zur Bernhardiner-Rasur.

RICHTIG

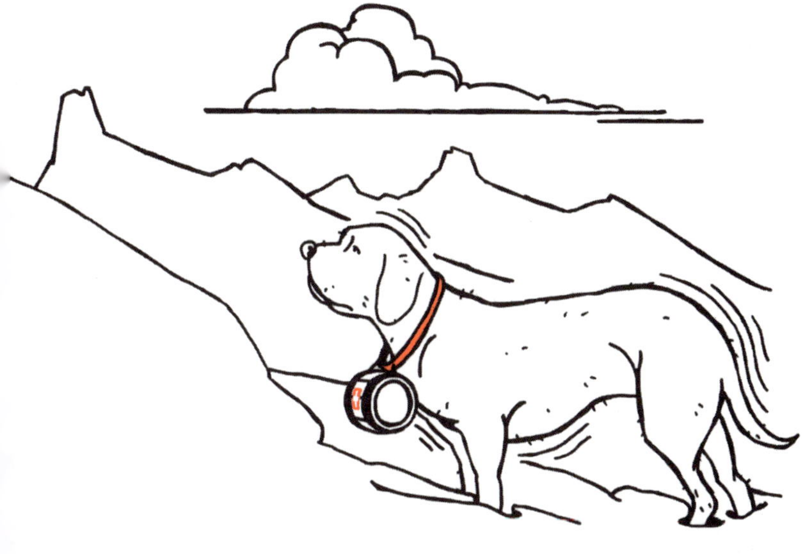

In Sachen Lawinenvorbeugung:

Bedenken Sie, dass Ihr Schuss leicht eine Lawine auslösen könnte.

Bedänked Sie, dass Iren Schuss liecht a Lawine chönnti uuslöse.

Bedänked sie, dass iren schuss liecht a lawine chönnti uuslöse.

Wenn Ihre Frau weiterhin so schrill lacht, geht die nächste Lawine auf Ihr Konto.

Wänn Iri Frau witerhin so schrill lacht, gaat di nächschti Lawine uff Ihres Ckonto.

Wänn iri frau witerhin so schrill lacht, gaat di nächschti lawine uff ihres ckonto.

Zum Selbermachen: Optisches Lawinenopfer-Signalset

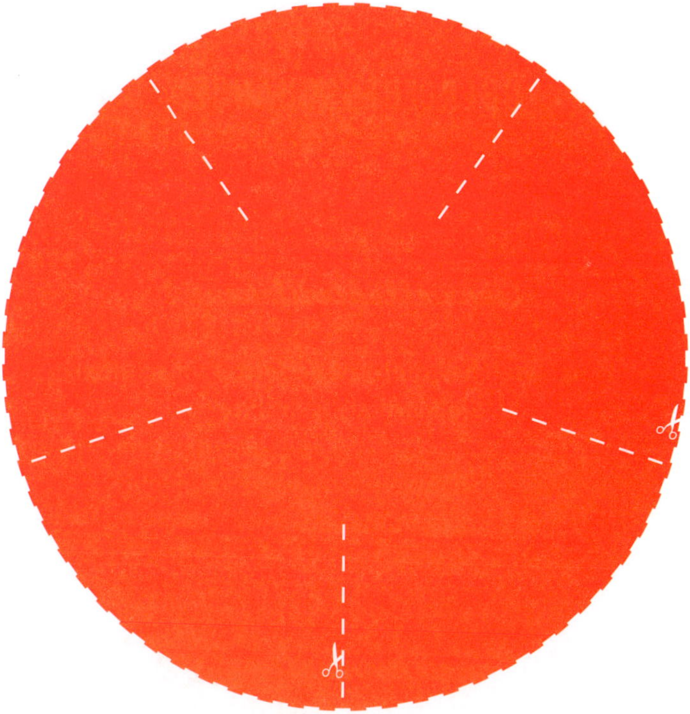

Schneiden Sie den orangenen Kreis aus und kleben ihn um einen Golf- oder Tischtennisball. Befestigen Sie den so entstandenen »Signal«-Ball an einem Stock. Sollten Sie von einer Lawine verschüttet werden, durchbrechen Sie mit dem Ball die Schneedecke und machen so Passanten auf sich aufmerksam.

TESTEN SIE IHRE ÜBERLEBENSCHANCEN IM KLEINEN AUSLAND

Lernzielkontrollebene 1

Durch welches rhetorische Mittel umschiffen Sie klerikale Konflikte?

a) figurae per transmutationem
b) 95 Antithesen
c) Schweigen

Lernzielkontrollebene 2

Was sollten Sie unbedingt bei dem Besuch eines Schweizer Restaurants zur Hand haben?

a) Brechmittel
b) Salz
c) einen Kaltluftföhn

Lernzielkontrollebene 3

Was hat nichts mit der Papstwahl zu tun?

a) viele alte Männer
b) weißer Rauch
c) Pampelmusen

Ihre Überlebenschancen in Prozent:

0 mal c:	0 %	– 5 %
1 mal c:	6 %	– 25 %
2 mal c:	26 %	– 75 %
3 mal c:	76 %	– 100 %

AUSLAND EXTREM SÜD

»Ein Blick in die Welt beweist,
dass Horror nichts anderes ist als Realität.«
Alfred Hitchcock

»Ich fliege irgendwo in den Süden –
vielleicht nach Kanada oder so.«
Mehmet Scholl

LEKTION 14

AFRIKA

Tansania, Tschad, Uganda, Ruanda und wie sie alle heißen – mit einem Wort: Derschwarzekontinent. Eine riesige Landmasse, die zielstrebig und unaufhaltsam auf Europa zutreibt. Dies allerdings so langsam, dass der Absprung noch einige Jahrmillionen Zeit hat. Bis es so weit ist, richten wir den Blick auf einige weitere Gefahrensituationen, mit denen Sie eventuell schon heute in Afrika konfrontiert werden könnten. Das Abkochen von Wasser gilt in vielen Gebieten als übertriebene Vorsichtsmaßnahme, bei Rot über die Straße zu gehen, wird hingegen häufig kritisch beäugt. Sollte Ihre Reisezeit in die kühleren Monate fallen, nehmen Sie Socken mit. In den meisten afrikanischen Lehmhütten gehört Fußbodenheizung noch nicht zur Grundausstattung.

Es ranken sich viele Gerüchte um die angeblich gefährliche Tierwelt dieses Kontinents. Wer kennt sie nicht, die Geschichten von menschenfressenden Großkatzen, aggressiven Flusspferden und hochgiftigen Schlangen. Doch ruhig Blut! Mit einigen Brocken altbackenen Brotes oder einer Handvoll Kartoffelschalen ließ sich noch jedes nervöse Krokodil schnell besänftigen. Vergessen Sie nie: Löwen, Tiger und Geparden sind eigentlich auch nur zu groß geratene Plüschtiere, und ein Krokodil ist nichts anderes als eine Eidechse, zum Beispiel aus der Perspektive eines Spatzes betrachtet.

Von den zahlreichen schwarzafrikanischen Sprachen und Dialekten hielt einzig Swahili Einzug in das vorliegende Standardwerk. Mit etwa jedem 18,5-ten Afrikaner können Sie sich in dieser weitverbreiteten Lingua franca unterhalten.

Ich gehöre nicht zum feindlichen Stamm!
Mimi si mtu wa kabila la maadui!
Mimi si mmtu oua kabila la maadui!

Wasser ... Wasser ...!
Maji ... Maji ...!
Madji ... Madji ...!

Könnte ich den Topf jetzt verlassen?
Ningeomba nitoke sasa katika mtungi?
Ningeomba nitoke sasa katika mtungi?

Sie können mich getrost laufen lassen. Ich halte die Existenz Ihres Volkes in Europa geheim.
Uniachilie bila wasiwasi. Nitatunza huko Ulaya ile siri ya kuwepo kwa taifa lako.
Uniatschilie bila ouasiouasi. Nitatunsa huko ulaia ile siri ia kouepo koua taifa lako.

WÜSTEN-TIPP:
Bei akutem Wassermangel können Sie sich eine ganze Weile mit Urin oder Tierblut behelfen.

Helfen Sie mir auf die Sprünge – deutet Ihre Gesichtsbemalung auf unterschwellige Aggression hin?
Tafadhali unieleweshe: Eti, jinsi ulivyojipaka rangi katika uso wako ni dalili ya ukorofi wako uliofichika?
Tafasali uniäläouesche: Etti, djinsi uliwiodjipaka rangi katika uso ouako ni dalili ja ukorofi ouako uliofitschika?

Verursacht das Wasser aus diesem Brunnen Niereninsuffizienz?
Je, maji toka kisima hiki yataharibu mafigo?
Dje madji toka kisima hiki jataharibu mafigo?

Auf Safari:

Sind Sie sicher, dass ich nicht in das Beuteschema dieses Gepards passe?

Unao uhakika ya kuwa duma huyu hana mpango kunila mimi?

Unao uhakika ja koua duma huju hana mpango kunila mimi?

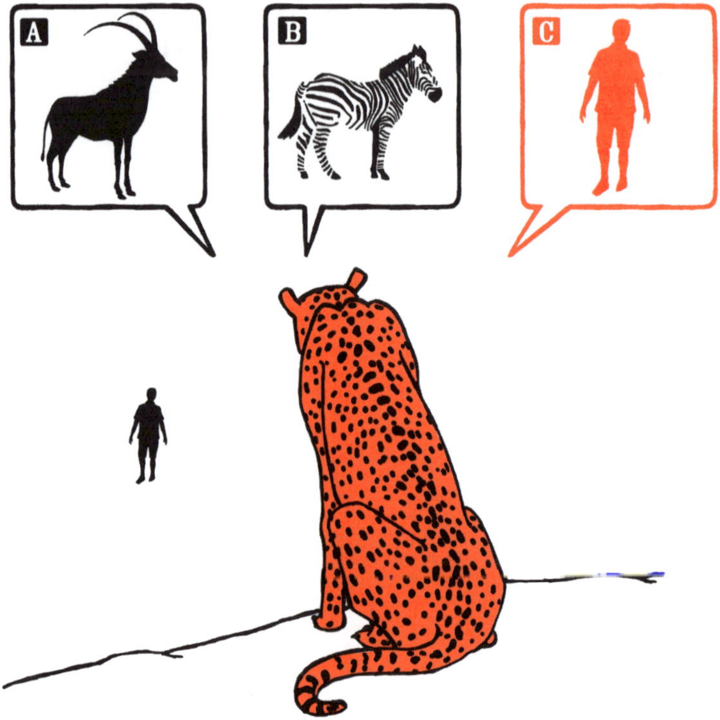

Wie kann ich dieses Gorilla-Männchen milde stimmen?
Je, niwezeje kumtuliza huyu gorilla dume?
Dje niouesedje kumtulisa huju gorilla dume?

Bitte waschen Sie sich die Hände, bevor Sie das Projektil aus meinem Oberschenkel entfernen.
Tafadhali ukanawe mikono kabla hujaniondolea ile risasi katika paja langu.
Tafasali ukanaoue mikono kabla hudjani ondolea ile risasi katika padja langu.

Würden Sie bitte das Alphatier dieses Löwenrudels töten?
Tafadhali ukamwue huyu dume kiongozi wa masimba hawa?
Tafasali ukamoue huju dume kiongosi oua masimba haoua?

LEKTION 15

AUSTRALIEN

Australien ist vor allem eins: weit weg. Deshalb gerät es dem Europäer leicht mal aus dem Blickfeld. Das wurmt die meisten Australier natürlich ziemlich, denn so befinden sie sich ständig in der Situation, sich von ganz unten rechts (= »down under right«) in Erinnerung bringen zu müssen. Um das zu erreichen, denken sie sich die irrsinnigsten Dinge aus. Nicht genug, dass sie es partout im Dezember warm und im Juli kalt haben wollen. Ihr Bestreben, um jeden Preis aufzufallen, geht sogar so weit, dass sie standhaft behaupten, ihr Badewannenwasser würde sich andersherum drehen, wenn es abfließt. »Hauptsache anders« scheint also das geheime australische Motto zu sein.

Die Australier leben zwar da, wo die Zahnbürste nicht hinkommt, keineswegs aber hinter dem Mond. Deshalb versäumen sie es bei all ihrem Geltungsdrang auch nicht, bei jeder Gelegenheit um Sympathiepunkte zu werben. So ist Australien weltweit das einzige Land, dem es gelungen ist, lebendige Teddybären zu züchten, die wie Hustenbonbons riechen. Ihr langjähriger Versuch, für sich selbst einen niedlichen Spitznamen zu etablieren (»Ozzies«), wurde vom Rest der Welt bisher allerdings ignoriert.

Doch es liegt auf der Hand: Für den Reisenden schlummert in dieser latenten Dauer-Profilneurose ein unkalkulierbares Gefahrenpotenzial. Im Grunde sind die Australier unberechenbar. Man denke nur an das völlig überraschend ausgesprochene Glühbirnen-Verbot, mit dem sie es über Nacht auf sämtliche Titelseiten der Weltpresse schafften. Wie schnell bekommt man so was als Tourist mal nicht mit! Wer in solchen Situationen nicht zumindest über Grundkenntnisse der Landessprache verfügt, macht sich schnell zur Zielscheibe unkontrollierbaren Hasses. Auch hier heißt es also: Wer redet, lebt länger (außer bei Sauerstoffmangel in abgeschlossenen Räumen). Folgende Sätze schenken Ihnen mindestens fünf Jahre. Hängen Sie an jeden Satz noch ein »mate« (»Alter, ey«), erhöhen Sie auf sieben Jahre.

Welchen Lichtschutzfaktor hat Känguru-Blut?
What is the sun protection factor of kangaroo blood?
Wat is the san protäktschon fäktor of känguru blad?

Ich habe lediglich ein Gegenfeuer gelegt.
I was only backburning.
Ei wos ounli bäckbörning.

Holen Sie rasch eine Alligatoren-Maulsperre!
Quick, get the jaw-lock for alligators!
Kwick, get se dscho-lock for älligäitors!

Könnten Sie mir die Feuerqualle von der Brust schaben?
Could you please take the bluebottle off my chest?
Kud juu pliis täik se blubottl off mei dschäst?

OUTBACK-TIPP:
Bedenken Sie, dass Kängurus im Nahkampf die Regeln der internationalen Boxverbände missachten.

Schnell, ich brauche das Gegengift!

Quick, I need the antidote!

Kwick, ei niid se äntidout!

Schießen Sie wahllos ins Wasser – ich bin von Haien umzingelt!

Please shoot anywhere into the water – I am surrounded by sharks!

Pliis schuut eniwea intu se wader – ei äm serraunded bei scharks!

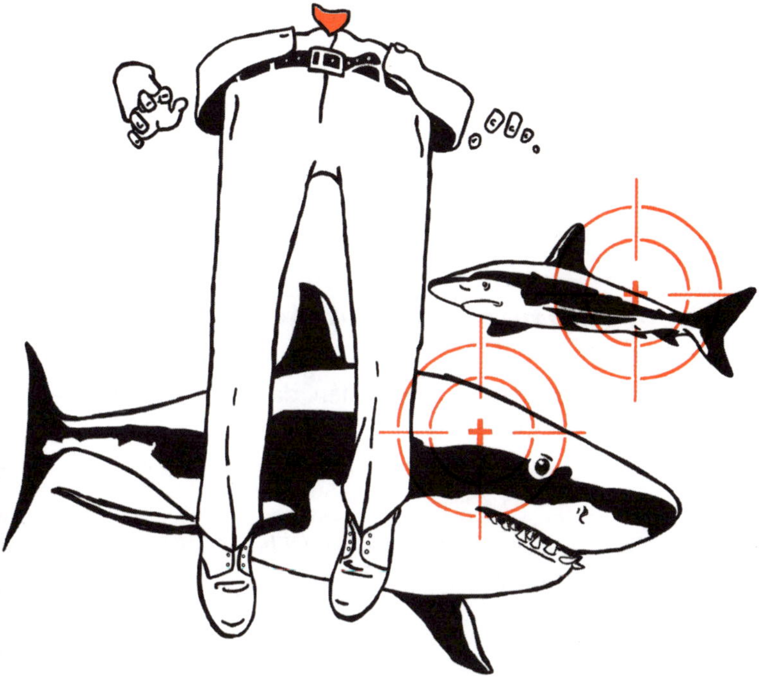

Zu Gast bei Aborigines:

Werden diese Aborigines handgreiflich, wenn ich davon Abstand nehme, von dem Emu-Wombat-Ragout zu kosten?
Will the Aborigines react outrageous if I don't try their Emu-Wombat stew?
Will se äboridschines reakt auträidsches if ei dount trei sär imiu-wombät stju?

Achtung, Ihr Didgeridoo-Spiel stellt eine Gefährdung für meine Friedfertigkeit dar.
Watch out, your didgeridoo playing is an assault on my peace of mind.
Wotsch aut, jor didscheriduu pläiing is än assoult on mei piis off meind.

Was Sie sagen, wenn es zu spät ist:

Woher hätte ich denn wissen sollen, dass heute in Ihrem Land nationaler Bumerang-Wurftag ist?
How could I know that today is your national boomerang throwing day?
Hau kud ei nou sät tudäi is jur näschonäl bumeräng srouing däi?

Ach du Schande, dieser Dingo da macht sich mit dem Amputat aus dem Staub!

O my god, this dingo has got my amputated limb and is running away!

Ou mei god, sis dingou häs gott mei ämpiutäited limb änd is ranning awäi!

LEKTION 16

SÜDAMERIKA

Im Allgemeinen lässt sich sagen, dass der Südamerikaner grundsätzlich anders funktioniert als der Europäer. Zwar lassen sich die diversen südamerikanischen Länder nicht über einen Kamm scheren, doch mit etwas Mühe gelingt auch dies.

Der Südamerikaner, eine Mischung aus temperamentvollem Südeuropäer und trägem Indianer, ist häufig starken Gemütsschwankungen ausgesetzt. Umso wichtiger ist es, Missverständnisse zu vermeiden und Hintergründe klar und eindeutig zu kommunizieren, vor allem in Gefahrensituationen. Sollte ein aztekischer Hohepriester sich in den Kopf gesetzt haben, Ihnen die Hauptrolle bei einem Menschenopferritual zu übertragen, zeigen Sie einfach Ihren Organspendeausweis und machen ihm so klar, dass Ihre Innereien bereits einer europäischen Organisation versprochen sind.

Doch auch abseits skurriler uralter Hochkulturen verleiht die Mentalität der Bewohner dem Kontinent einen ganz eigenen Rhythmus. Man arbeitet langsam, tanzt aber sehr schnell. Autofahren so mittel.

Auch Tiere und Pflanzen sind hier bemerkenswert. Kein Wunder, denn dieser Kontinent ist ein wahres Eldorado der Kryptozoologie. Beinahe stündlich feiert die Forschung große Erfolge beim Nachweis neuer gefährlicher Spezies. Ob es um den hinterhältigen Spucklurch *(quakus seiberensis fiesis)*, eine überraschend aggressive Zwergfadenwurm-Kolonie *(mini schnurensus furius)*, den nur vermeintlich possierlichen Nackt-Tapir *(russelus striptis)* oder diverse Baumwürger geht, sie alle sprechen kein Spanisch*. Also halten Sie sich von ihnen fern, oder rennen Sie schnell.

Im Umgang mit der Bevölkerung besteht hingegen zunächst kein Grund zur Flucht. Denn dank der folgenden Lektion können Sie sich aus den meisten Gefahrensituationen mühelos herausdiskutieren.

* Ebenso wenig Spanisch sprechen die Brasilianer. Meiden Sie also dieses Land, bis *Ausländisch für Notfälle 2* erschienen ist.

Ist Ihnen nicht zu warm unter Ihrer Maske?
¿No tiene calor debajo de su máscara?
No tjene kalor debacho de su masskara?

Sind Sie sicher, dass der Busfahrer einen Führerschein besitzt?
¿Está seguro de que el conductor del autobús tiene permiso de conducir?
Esta seguro de ke el konduktor del autobuss tjene permisso de kondusir?

Ich biete mich gerne an, den Busfahrer zu entlasten.
Sería un placer para mí ayudar al conductor del autobús.
Seriia un plaser para mi ajudar al konduktor del autobuss.

Im Dschungel:

Sagen Sie, wie lange ist es her, dass diese Hängebrücke betreten wurde?
Puede Usted decirme cuándo fue la última vez que alguien paso por este puente colgante?
Puede usted desirme kwando fue la ultima wess ke allgjen passo por esste puente kollgante?

Warum wollen die Einheimischen die Grabkammer nicht betreten?

¿Porqué los nativos no quieren entrar en esta cámara funeraria?

Porke los natiiwos no kjeren entrar en essta kammara funeraria?

Mit welcher Froschart haben Sie doch gleich den Pfeil bestrichen, der in meiner Wade steckt?
¿Con cuál especie de rana ha untado usted la flecha que está clavada en mi pantorilla?
Kon kwall espessje de rana a untado usted la fletscha ke esta klawada en mi pantorija?

Nein, ich werde nicht auf dieses Floß steigen!
¡No, no voy a montarme en esta balsa!
No, no woj a montarme en essta ballsa!

Ich esse diese Pilze nicht!
¡No voy a comer estas setas!
No woj a komer esstas setas!

DROGEN-SPAR-TIPP:
Machen Sie es wie die Indios: In der Sonne getrocknetes Spüli der Marke »Limpio Limpio« besitzt, fein zermahlen und vermischt mit ein paar Spritzern Lama-Milch, erstaunliche psychoaktive Eigenschaften.

Was Sie sagen, wenn es zu spät ist:

Auch wenn der Fortbestand dieser seltenen Alligatorenart wichtig ist, vermisse ich mein Bein doch sehr.
A pesar de que la preservación de esta rara especie de caimanes es muy importante, he de decir que echo de menos a mi pierna.
Aunke weo ke la preserwassjon de essta rara espesie de kaimanes es mui importante, he de desir ke etscho de menos mi pjerna.

Wie viel Zeit habe ich, um mir das Serum zu besorgen?
¿Cuanto tiempo me queda para conseguir el suero?
Kwanto tjempo me keda para konsegir el swero?

TESTEN SIE IHRE ÜBERLEBENSCHANCEN IM AUSLAND EXTREM SÜD

Lernzielkontrollebene 1

Welche Sprache verstehen weder Spucklurch und Zwergfadenwurm noch Nackttapir und Brasilianer?

a) Deutsch
b) Englisch
c) Spanisch

Lernzielkontrollebene 2

Was ist »backburning«?

a) ein traditionelles australisches Ofengericht
b) Sonnenbrand auf dem Rücken
c) ein Gegenfeuer legen

Lernzielkontrollebene 3

Was heißt Gorilla auf Swahili?

a) Ugga-Ugga
b) M'tumba-M'tumba
c) Gorilla

Ihre Überlebenschancen in Prozent:

0 mal c:	0 %	–	5 %
1 mal c:	6 %	–	25 %
2 mal c:	26 %	–	75 %
3 mal c:	76 %	–	100 %

AUSLAND WEST

»Besser einander beschimpfen
als einander beschießen.«
Winston Churchill

»Der Unterschied zwischen dem richtigen Wort
und dem beinahe richtigen
ist derselbe Unterschied wie zwischen einem Blitz
und einem Glühwürmchen.«
Mark Twain

LEKTION 17

ENGLAND

Das Bild, das wir vom durchschnittlichen Engländer haben, sieht folgendermaßen aus: korrekt, korrekt, korrekt. Will sagen, nur selten findet man an dem Tweedanzug eines Gentlemans Reste von Erbrochenem.

Was also ist gefährlich an diesem Land? Im Gegensatz zum Kontinentaleuropäer verlegt der Engländer sämtliche Ausschweifungen wie rüdes Benehmen im Allgemeinen bzw. Missbrauch von Alkohol, Sex und Gewalt im Besonderen in das erste Viertel seiner Lebenszeit. Nach den ersten zwanzig Jahren erkennt er die Peinlichkeit seines Betragens, verkehrt sein Verhalten in das komplette Gegenteil und wird korrekt, korrekt, korrekt. Mit dieser Wandlung einher geht die Entwicklung einer rigorosen Intoleranz gegenüber inkorrektem Verhalten. Genau hier liegen die Stolpersteine für den arglosen Touristen:

☞ Wenn man sich gezwungen sieht, eine angebotene Mahlzeit abzulehnen, sollte man auf keinen Fall versäumen, folgendes Shakespeare-Zitat auszurufen: »God-a-mercy! So should I be sure to be heartburnt.« (»O Heiland, nein! Da kriegt' ich Sodbrennen.« Shakespeare, King Henry IV, Part I, Act III, Scene III.) Dies ist die einzig korrekte Form der höflichen Zurückweisung von Nahrung.

Beachten Sie im Teegeschäft unbedingt Folgendes: Sobald die Thekenkraft beginnt, den Tee abzuwiegen, werfen Sie ihr Ihre Geldbörse an den Kopf und rufen: »It's all yours!« In einem seriösen Laden werden Sie prompt die Antwortformel hören: »Hear ye! How could thou ever think it was!« (»Hört, hört! Wie konntet Ihr je annehmen, ich knöpft' Euch alles ab.«)

Befolgen Sie diese und die über 13000 weiteren Regeln des inoffiziellen britischen Verhaltenskodexes nicht, droht Ihnen eine Vielzahl von (teilweise archaisch anmutenden) Maßregelungen, bis hin zum Landesverweis.

Doch, for heaven's sake, woher soll man das bloß alles wissen? Derzeit gibt es darauf keine befriedigende Antwort. Aber Rettung ist in Sicht: Im Jahre 2012 erscheint voraussichtlich das Standardwerk »Britical Correctness«, herausgegeben vom *Bündnis für sicheres Reisen*. Bis dahin hilft nur reden, reden, reden.

»Breaking the ice« – ein Witz zum Warmwerden:

Warum fahren siamesische Zwillinge gerne nach England in den Urlaub?
Damit der andere auch mal fahren kann.
Why do Siamese twins like to spend their holidays in England?
So that the other one can also drive for a change.
Wei du seiemiis twins leik tu spent seha hollideis in ingländ?
Sou sät sii aser uan kän olso dreif fo ä tschänsch.

DER AUTOFAHR-TIPP:

Dass Sie in England links fahren müssen, heißt nicht, dass Sie nicht auch mal rechts abbiegen dürfen.

Nützliches im Alltag:

Würden Sie mich bitte aus dem Wasser ziehen und ein Bergungsteam für unsere Fähre rufen?
Would you please pull me out of the water and call a salvage team for the ferry?
Wut ju pliis pull mii aut of se woate änd kol ä selvedsch tiim foa se ferri?

Doch, ich bin sicher, dass Sie die Tumorzange in meine Bauchhöhle eingenäht haben.
Yes, I am sure you have sutured the tumour forceps into my abdominal cavity.
Jes, ei äm schua ju häv sjutsched se tjumer fozeps intu mei abdominel kaviti.

Lässt sich Ihr Porridge im Bedarfsfall als Insektizid einsetzen?
If necessary could your porridge also be used as an insecticide?
If nessessäri kut jua poridsch olso bii juust äs en insektiseid?

Gibt es noch andere Übertragungswege der Maul- und Klauenseuche, abgesehen von Kontakt- und Schmierinfektion?
Are there any other ways of transmitting foot-and-mouth disease apart from contact or smear infection?
Ar sea äni aser wäis of transmitting fut änd maus disiis apaat from kontekt oa smier infäktschn?

Ist die Gefahr einer Skorbuterkrankung durch die einseitige Kost Ihres Landes stark erhöht?
Is there an increased risk of catching scurvy in your country due to the unbalanced diet?
Is sea en inkriist risk of kätsching sköwi in jur kantri dju tu se simple deiät?

Lassen die Hooligans schneller von mir ab, wenn ich mir selbst eine stark blutende Platzwunde zufüge?
Will the hooligans let go of me earlier if I inflict a heavily bleeding laceration upon myself?
Wil se huligäns let gou of mi örlia if ei inflikt e häwili bliiding läkseräischn epon meiself?

Sind Sie wirklich ein ausgebildeter Kieferchirurg?
Are you really a trained oral surgeon?
Ar ju riili e träind orel sördschn?

Wenn Sie sich in Sicherheit befinden:

Gibt es dieses Essen auch in lecker?

Do you also serve this dish in tasty?

Du ju olso sörw sis disch in täisti?

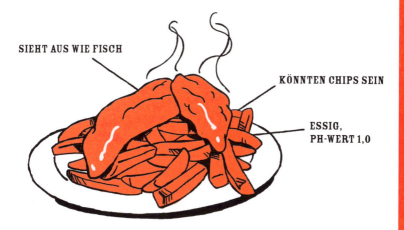

Was Sie niemals sagen sollten:

Lady Di war eine Schlampe.

----- wird aus Sicherheitsgründen nicht übersetzt -----

----- *entfällt* -----

LEKTION 18

USA

Sie planen eine USA-Reise? Sagen Sie sie ab.
Dieses Land geht einem mit seiner dauernden Präsenz ordentlich auf die Nerven. Amerika ist in uns, um uns und um uns herum. Morgens, mittags, abends, Januar, Februar, März, Frühling, Herbst und Winter – immer nur Amerika, Amerika, Amerika. Durch hundert Millionen amerikanische Filme kennt jeder jeden blöden Stein, jede beschissene Dressing-Wahlmöglichkeit und jede noch so bedeutungslose polizeiliche Suborganisation zwischen Seattle und Miami. Warum zum Henker soll man da noch hinfahren? Apropos Henker. Vielleicht, um die mittelalterlichen Strafvollzugsmaßnahmen zu bewundern? Ha, ha. Man hat ja noch nicht einmal mehr Lust dazu, sich über dieses durch alle Menschenrechtsorganisationen genudelte Thema aufzuregen. Ebenso ergeht es einem mit der ewigen Weltpolizei-Diskussion, den scheiß Waffengesetzen und dem wöchentlichen Gestochere nach den Ursachen des neuesten Amoklaufs. Mannmannmann. Was für die Umwelt tun? Wozu denn?

Auch die immer gleichen Hollywood-Fressen nerven gewaltig. Wie heißt das neue Kind von Brad Pitt und Angelina Jolie? Das will doch keine Sau wirklich wissen!

Kommen Sie also bloß *nie* auf die dämliche Idee, freiwillig in die USA zu fahren. Es sei denn, Sie wollen sich unbedingt zu Tode langweilen. Für den Fall, dass dringende berufliche oder familiäre Gründe eine Amerika-Reise unvermeidbar machen, sie sozusagen erzwingen (und wir betonen: *zwingen*), haben wir folgende Notfallsätze für Sie zusammengestellt. Wir erwarten zwar nicht, dass die bescheuerten Amis sich mit Worten von irgendwas abhalten lassen, aber vielleicht gibt es Ihnen das gute Gefühl, es zumindest versucht zu haben. Have a safe trip. Mannmannmann.

Bitte nicht schießen!
Please do not shoot!
Pliis du not schuut!

Würden Sie bei der nächsten Präsidentenwahl bitte etwas mehr Sorgfalt walten lassen?
Would you please exercise a bit more care when voting for the next president?
Wudd ju pliis exerseis ä bit moä käa wenn woting foa se next president?

Wären Sie so freundlich, eben das Kyoto-Protokoll zu unterzeichnen?
Would you please be so kind to sign the Kyoto protocol?
Wudd ju pliis bii so keind tu sein se kioto protokoll?

DER SMALL-TALK-TIPP:

Meiden Sie in den USA die Themen Politik, Sex und Religion. Unverfänglich plaudern lässt sich dagegen über Küchengeräte, Dachdeckmethoden und Modellbau.

Ein Beitrag zur Völkerverständigung:

Der Kontinent, von dem ich stamme, heißt Europa.
E-U-R-O-P-A.
The continent where I come from is called Europe.
E-U-R-O-P-E.
Se kontinent weä ei kam from is koolt jurup.
I-JU-AR-OU-PI-I.

Nützliches im Alltag:

Ich gebe Ihnen mein Ehrenwort, dass ich keine arabischen Verwandten habe.
You have my word of honor that I do not have any Arabian relatives.
Juu häff mei wörd off onnor sät ei du not heff äni äräibiän rälätiws.

Welche Richtung empfehlen Sie, wenn ich vor diesem Tornado flüchten möchte?
Which direction do you recommend for escaping from this Tornado?
Witsch deiräktschän du ju rekomend foa esskäiping from sis tornäido?

Wie kann ich den Grizzly dazu bewegen, mein Zelt wieder zu verlassen?

How can I persuade this grizzly to leave my tent?

Hau kän ei pöasuäid sis grisli tu liiw mei tent?

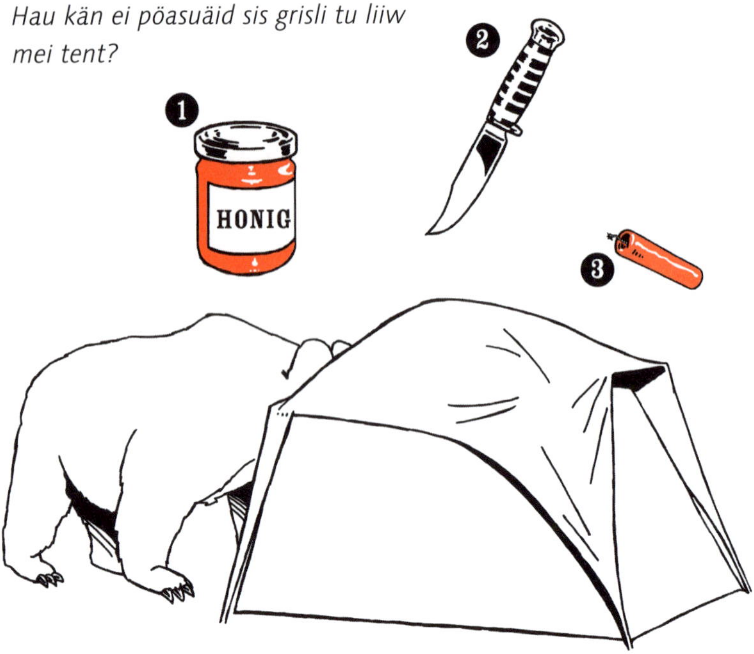

Einkaufen in der Bronx:

Bitte einmal Pfefferspray, Schlagring und Elektroschocker.

One mace, brass knuckles and a taser, please.

Won mäis, braas nackls end ä täiser, pliis.

Gut Freund mit Indianern:

Einfach, aber gemütlich, Ihr Reservat.
Basic but cosy, your reservation.
Bäisik bat kousi jua reserwäischn.

Was Sie sagen, wenn es zu spät ist:

Das macht nichts, ist ein glatter Durchschuss.
It doesn't matter, that's just a full penetration.
It dasnt mätta, säts dschast a full peneträischn.

LEKTION 19

FRANKREICH

Tausende deutsche Schüler wurden bereits gegen französische ausgetauscht und irgendwann wieder zurückgenommen. Dass ein Großteil dieser jungen Leute gesund und munter heimkehrte, lag zweifellos an der Rund-um-die-Uhr-Betreuung durch die einheimischen Gastgeber. Ein Luxus, der dem Durchschnittstouristen keinesfalls immer zuteil wird.

Vielen von uns scheint Frankreich immer noch so fremd und bedrohlich wie der Kongo. Auch hier können Sie im Würgegriff von Menschenaffen, in den reißenden Kiefern großer Alligatoren und in den überdehnten Mägen meterlanger Boa constrictors enden, wenn Sie im Zoo die Sicherheitsvorschriften missachten und einfach ins Gehege klettern.

Ebenso tödlich endet ein Bad in der Loire (oder in einer anderen namhaften französischen Wasserstraße), wenn Sie sich in der Fahrrinne tummeln und in den Erfassungsbereich der ersten Schiffsschraube eines Schubverbands gelangen. Nicht minder waghalsig ist ein Fallschirmsprung mit dem ehrgeizigen Ziel einer Punktlandung auf dem Eiffelturm. Dafür ist Letzterer einfach zu spitz.

Gefährlich wird es auch, wenn Sie in französischen Drogeriemärkten ätzende Bleichmittel auf Chlorbasis trinken. Nehmen Sie in diesem Fall unbedingt das Etikett der Flasche mit ins Krankenhaus. Der Notarzt wird es Ihnen mit einem »Merci« danken.

Sind Sie auf der französischen Autobahn unterwegs, sollten Sie ab einer Geschwindigkeit von 160 km/h davon absehen, das Auto zu verlassen, da Sie ohne die erforderliche Schutzkleidung eventuell schwerwiegende Schürfverletzungen, wenn nicht gar Knochenbrüche davontragen könnten.

In Frankreich führen also viele Wege in den Tod, manche aber auch zuverlässig daran vorbei. Bleiben Sie in Ihren Gedanken »frei«, verschieben Sie nichts auf »gleich«, und teilen Sie folgende Sätze »brüderlich« mit anderen.

Welche dieser Käsesorten halten Sie für bakteriell unbedenklich?
Quels sont les différents types de fromages proposés pour lesquels je ne coure aucun risque bactériologique?
Kell soo lee differo tiip de fromaasch proposee pur leekell sche ne kur ooke risk bakterioloschick?

Laufe ich Gefahr, mir durch die grobe Krumenporung dieses Baguettes den Gaumen zu verletzen?
Est-ce que je cours un risque de me blesser le palais à cause de la croûte de cette baguette?
Esske sche kuur e risk de me blessee le palä a koos de la krutt de sett bagett?

Führen Sie ein Parfüm, das sich bei Bedarf als Notfall-Narkotikum einsetzen lässt?
Vendez-vous un parfum qui puisse être utilisé en cas d´urgence en tant qu'anésthésiant?
Wondeewuu e parfe ki puiss etre ütilisee o ka dürschoos o to ke anesstesio?

DER PHONETIKER RÄT:
Der Anfänger tut sich mit der Aussprache der typisch französischen Nasale leichter, wenn er seine Nasenlöcher mit etwas entwässertem Magerquark verschließt.

Ich brauche ein günstiges Taxi. Mein Auto brennt noch aus.
J'ai besoin d'un taxi peu cher. Ma voiture est encore en train de brûler.
Schee besoä de taxi pö schär. Ma watür e onkoä o trä de brülee.

Hat die französische Atomaufsichtsbehörde im Sicherheitskonzept ihrer Anlagen berücksichtigt, dass ihre Mitarbeiter mittags Rotwein trinken?
Est-ce que le Commissariat à l'Energie Atomique a tenu compte, dans l'établissement des règles de sécurité pour les centrales nucléaires, du fait que ses salariés boivent du vin rouge pendant le déjeuner?
Esske le kommissaria a lennerschii atomick a tenü koont, do lettablissmo dee regle de sekϋritee pur lee sentrall nükleär, dü feke see salariee boaw dü we rusch pende le deschönee?

Luftröhrenschnitt für Laien im Fünf-Sterne-Restaurant:

Bitte werfen Sie einen kurzen Blick auf diese Anleitung, bevor Sie den Luftröhrenschnitt an sich oder einer anderen Person durchführen.

fig. 1

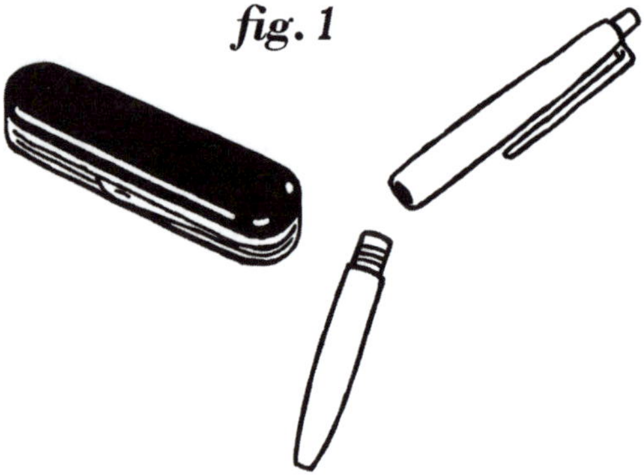

fig. 2

fig. 3

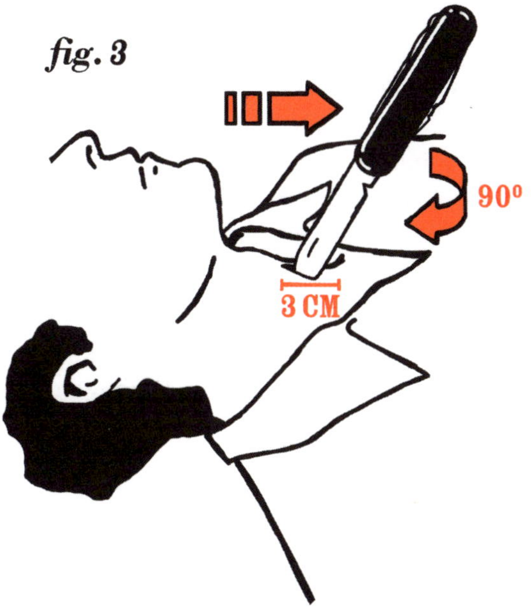

fig. 4

Können Sie mir bescheinigen, dass die Kühlkette beim Transport dieser Froschschenkel lückenlos war?

Pouvez-vous me confirmer que la chaîne du froid ait été parfaitement respectée pour ces cuisses de grenouille?

Puweewu me kofirmee ke la schänn dü froa ä parfättmo respecktee pur see küiss de grennui?

Ich benötige dringend Impfschutz gegen Malaria, Pest, Bilharziose, Denguefieber, Gelbfieber, Fleckfieber, Tollwut und Japanische Enzephalitis.

J'ai besoin d'urgence de vaccins contre la malaria, la peste, la bilharziose, la dengue, la fièvre jaune, le typhus, la rage et l'encéphalite japonaise.

Sche besswa dürschos de wassä kotr la malaria, la pest, la bilarsios, la deng, la fiefr schon, le tiffus, la rasch e lensefalitt schaponäs.

Wenn Sie sich in Sicherheit befinden:

Ihr seid größer, aber wir sind mehr.

Vous êtes plus grands, mais nous sommes plus nombreux.

Wuus ett plüü gro, mä nuu somm plüü nombrö.

Was Sie sagen, wenn es zu spät ist:

Ich bereue nichts.

Je ne regrette rien.

Sche ne regrette riä.

LEKTION 20

HOLLAND

Leute, schnallt euch lieber an. In Holland herrscht Gurtpflicht auf allen Sitzen. Und das ist auch gut so. Denn »Holland« ist ein anderes Wort für »Gefahr«, und der Begriff »die Niederlande« geht auf die altniederflämische Fügung für »Mann, der um sein Leben rennt« zurück.

Von Grönland bis Tasmanien, von Paraguay bis Tibet – es gibt kein gefährlicheres Land auf der Welt als Holland. Das beweist allein die Tatsache, dass praktisch jeder Holland-Tourist irgendwann stirbt, sei es an einer der unzähligen Infektionskrankheiten, an einem Verkehrsunfall oder an Krebs.

Also gar nicht erst nach Holland fahren? Jedenfalls nicht, wenn Sie einen beschaulichen Familienurlaub am Strand verbringen möchten. Wenn Ihnen hingegen Großwildsafaris nur noch ein müdes Lächeln abringen, Sie sämtliche Extremsportarten aus dem Effeff beherrschen und in alle Achttausender längst Ihr Gipfelkreuz gerammt haben – kurz: Wenn Nahtoderfahrungen für Sie die Würze des Lebens sind, dann: auf nach Holland.

Folgende Vorbereitungen sind für eine Hollandreise unverzichtbar:

☞ Impfen Sie sich gegen alles, wofür Impfstoff verfügbar ist, auch gegen bereits als ausgestorben geltende Seuchen.

☞ Besorgen Sie sich eine umfangreiche Outdoor-Survival-Ausrüstung inklusive Thermozelt (möglichst: Aqualine-laminiert, 70D Polyamid Ripstop 210t, Absiden-belüftet, Wassersäule mind. 20 m), Signalpistole (möglichst Kipplauf, mind. Kaliber 4, Rohrlänge mind. 155 mm) mit Munition (Steighöhe mind. 300 m, Leuchtstärke mind. 20000 cd – unbedingt vor der Grenze kaufen! In Holland schlagen sie die Notsignalmittelsteuer drauf!) und eine Bärenglocke (Messing).

☞ Studieren Sie diese Lektion sorgfältig, und lernen Sie alle Sätze auswendig.

Nützliches im Alltag:

Ich bestehe darauf, das Wasser abzukochen.
Ik sta erop het water aftekoken.
Ick stah eropp hätt wahter afftekohken.

Pocken? In dieser Gegend?
Pokken? In deze streek?
Pocken? In dese strehk?

Warum verlassen die Ratten das Schiff?
Hoezo verlaten de ratten het boot?
Huso verlahten de ratten hätt boht?

Um Halsentzündungen vorzubeugen, spreche ich vorsichtshalber kein Holländisch.
Om keelontstekingen te voorkomen spreek ik liever géen Nederlands.
Omm kehlontstehkingen te vorkohmen sprehk ick liiwa chehn Nehdalands.

Diese Zysten wurden durch Ihre Bettwäsche verursacht!
Jullie beddenlinnen hebben deze cysten veroorzakt!
Jülli bäddelinnen häbben dese tzüsten verohrsackt!

Wurden die Bakterien auf dieser Frikandel während des Frittiervorgangs zuverlässig abgetötet?
Zijn de bacteries op deze frikandel tijdens het frituren betrouwbar afgemakt?
Sein de backteriis opp dese frikandel teidens hätt fritüren betraubar affchemahkt?

ACHTUNG! FALSCHER FREUND!
»En broodje hollandse garnalen« ist kein Brötchen mit Kanalaal, sondern ein Garnelenbrötchen und für den experimentierfreudigen Traveller ein durchaus nahr- und schmackhafter Snack.

Wurde dieses Tulpenfeld je durch ein Räumkommando von Landminen gesäubert?

Werd dit tulpenveld ooit door mineurs van landmijnen gezuivert?

Wärt ditt tülpenfeld ohit dohr mihneuhrs van landmeinen chesäuwert?

Ist dieses Hohlgeschwür gutartig?
Is deze holzweer niet kwaadaardig?
Iss ditt hollsweer nitt kwahtardich?

Wenn Holland in Not ist:

Wo ist die nächste Erhebung, auf die ich mich vor der Flut retten kann?
Is hier vlakbij een heuvel op die ik me voor de stormvloed kann redden?
Is hier flackbei en höfel op dii ick me vor de stormfluht kann redden?

Wenn Sie sich in Sicherheit befinden:

Eure Tomaten haben mehr Geschmack als ihr.
Jullie tomaten zijn beter qua smaak dan jullie.
Jülli tomaten sein behter kwa smahk dann jülli.

LEKTION 21

SCHOTTLAND

Schottland: ein Land, in dem es nur so wimmelt von geizigen, rothaarigen, Dudelsack spielenden Whiskysäufern. Auf grünen Hügeln unterhalten sie sich im Dauerregen mit ihren Nachbarn (ebenfalls Schäfer) über ihre vom Pech verfolgte Fußballnationalmannschaft oder die ewige Frisur ihres Landsmanns Rod Stewart. Wobei – um korrekt zu bleiben – es wimmelt nicht wirklich von Schotten. Schon zu Macbeths Zeiten, als sich die Schotten ihre Sommersprossen mit blauer Farbe übermalten, bevor sie sich brüllend an die englischen Nachbarn wandten, überließen sie kampflos weite Landstriche freiheitsliebenden Schafen.

Auch wenn es hier also kaum von Schotten wimmelt, so wimmelt es doch von Schafen und von – richtig! – Gefahren.

Denn zwischen den Schlössern und Schafweiden verbergen sich hinterhältige Fallen. Seien es kulinarische wie das weitverbreitete Haggis (eine als Spezialität verpackte Resteverwertung von Schlachtereiabfällen) oder modische wie der Kilt (ein brillanter Marketing-Coup, der die schottische Unfähigkeit, Hosen zu schneidern, seit Jahrhunderten erfolgreich verschleiert). Auch musikalische Fallen – wenn man es denn so nennen möchte – sind bei Kennern gefürchtet, kann man dem zum Teil überfallartigen Dudelsackspiel eines Einheimischen doch nur schwer entrinnen.

Böse Zungen behaupten, dass durch den Einsatz von Haggis, Kilt und Dudelsack eine Art Gehirnwäsche durchgeführt wird, um Unwissende auf der Insel festzuhalten. Hintergrund sei das inseltypische Dilemma der genetischen Sackgasse (Stichworte: Darwin, Evolution), dem auf diesem Weg entgegengewirkt werden soll. Wie dem auch sei: Aufmerksamkeit, Reaktionsschnelle, Schlagfertigkeit und nicht zuletzt profunde Sprachkenntnisse sind ohne Zweifel gefragte Begleiter in diesem ebenso merkwürdigen wie gefahrenreichen Land.

Ich bezweifle, dass drei Harpunen genügen, um dieses Seeungeheuer zu eliminieren.

Ah doot it'll tak mair nor three harpoons tae fell this sea beastie.

A duht ittl tak mehr nor sri harpuns te fell sis si biestie.

Ist dies auch ganz sicher der richtige Weg durch das Moor?

Ur ye shair this is the richt road ower the muir/moss/bog?

Ar je schehr sis is se richt rohd oher se mjuhr/moss/bog?

Ich glaube nicht, dass der Busfahrer an der Whiskyprobe teilnehmen sollte.

Ah dinna think the bus driver should be jinin in the whisky saumplin.

A dinna sink se bas dreiwer schud bi dscheinin in se wiski sohmplin.

DER GEHEIMBÜNDE-TIPP:
Nur wenige wissen, dass die schottischen Karomuster in Wahrheit komplex kodierte Spartipps sind. Der Code zu ihrer Entschlüsselung befindet sich in der berühmten Lehrlingssäule in Rosslyn Chapel.

Können Sie mir mal eben aus dem Loch helfen?
Cuid ye gies a haun ooto this hole!
Kud je gies a hohn uhta sis hohl!

Geben sie mir bitte ENDLICH mein Wechselgeld!
Wull ye gie me ma chynge at lang last?
Wall je gi mi ma tscheinsch ät lang lahst?

Wie hoch ist die statistische Mortalität bei Hochlandrind-Attacken?
Hoo mony fowk a year are killt bi hielan kye?
Hu moni fohk ä jihr ar killt bei hielen kei?

Randolph Lions Schenkelklopfer:

Nun seien Sie doch nicht so kleinkariert.
Awa an nae be sae mim.
Awa än ne bi sä mim.

Wenn Sie sich in Sicherheit befinden:

Sprechen Sie Englisch?
Dae ye spak Inglis?
Dä je spak inglis?

Was Sie niemals sagen sollten:

Schottland ist ein Teil von England.
----- wird aus Sicherheitsgründen nicht übersetzt -----
----- *entfällt* -----

Haste mal 'nen Euro?
----- wird aus Sicherheitsgründen nicht übersetzt -----
----- *entfällt* -----

TESTEN SIE IHRE ÜBERLEBENSCHANCEN IM AUSLAND WEST

Lernzielkontrollebene 1

Wo herrscht in Holland Gurtpflicht?

a) auf dem Fahrersitz
b) auf dem Beifahrersitz
c) auf allen Sitzen

Lernzielkontrollebene 2

Was ist in uns, um uns und um uns herum?

a) Amerika
b) Amerika
c) Amerika

Lernzielkontrollebene 3

Wie lautet die einzig korrekte Form der Zurückweisung von Nahrung in England?

a) To be or not to be: that is the question.
b) There is something rotten in the state of Danmark.
c) God-a-mercy! So should I be sure to be heartburnt.

Ihre Überlebenschancen in Prozent:

0 mal c:	0 %	–	5 %
1 mal c:	6 %	–	25 %
2 mal c:	26 %	–	75 %
3 mal c:	76 %	–	100 %

ANDERE WELTEN

»Und schließlich gibt es das älteste
und tiefste Verlangen, die große Flucht:
dem Tod zu entrinnen.«

J. R. R. Tolkien

LEKTION 22

MITTELERDE

Kompliment. Sie haben sich ein wahrlich exotisches Reiseziel ausgesucht. Leider ist Mittelerde in der Reise- und Sprachführer-Literatur bislang nur sehr spärlich vertreten. Aus dem Stegreif lässt sich nur Tolkiens *Herr der Ringe* nennen, der außer mit anschaulichen Landschaftsbeschreibungen auch mit einigen hübschen Landkarten zu überzeugen vermag.

Mittelerde gilt zu Recht als gefährliches Pflaster. Kein Wunder, leben hier doch viele Völker, die gern schlechte Stimmung verbreiten. Einerseits gibt es böse Gruppierungen wie Orks, Trolle und Balrogs, andererseits Bewohner mit edler Gesinnung wie Elben, Zwerge und Menschen (die jedoch oft eher wie blässliche Wald-Homos, grantige Dreikäsehochs oder fundamentalistische Pferdenarren daherkommen). Der arglose Tourist kann hier noch nicht mal im Fangorn-Wald an einen Baum pinkeln, ohne befürchten zu müssen, dass Letzterer ihn anschließend fluchend quer durchs ganze Land verfolgt.

Gefahr Nummer eins für den Mittelerde-Touristen ist allerdings die nahezu komplette Humorlosigkeit aller hier lebenden Wesen. Überall kabbelt man sich untereinander, weil jeder seine Sache (»Gut« oder »Böse«) bierernst nimmt. Selbst Häschen-, Fritzchen- oder Ostfriesenwitze werden hier nicht verstanden. Häufig bringen derlei Scherze Ihr Gegenüber aus dem Konzept und werden mit roher Gewalt beantwortet.

Die Mentalität der Mittelerdebewohner ist geprägt durch ein gewisses Pathos, auf das Sie sich lieber rechtzeitig einstimmen. Hierzu geeignet sind beispielsweise Wagner-Opern, Bibellektüre und Walt-Disney-Musicals.

Wie in allen anderen Ländern und Welten ist es auch hier oberstes Gebot, bei Gefahr zunächst den verbalen Weg zu beschreiten. Unter den zahlreichen Sprachen Mittelerdes haben wir Elbisch (genauer: das klassische Sindarin der Spätphase) für Sie ausgewählt, die Prestige-Sprache dieser Welt. Nur in der direkten Ansprache von Orks empfiehlt sich mangels Intelligenz der Gegenseite eine Grundkenntnis des Orkischen, der Schwarzen Sprache.

Ein Quadratmeterpreis von zwanzig Euro scheint mir selbst für das Auenland ambitioniert.

Thia enni geneddiad dilch-eddaid na wiriain dafae an i drann athanaer.

Besänftigt es diesen Ork, wenn ich mich ebenfalls mit Exkrementen einreibe?

Luithitha i orch hen ae untobbon nin na skae?

Dumping-Preis hin oder her, aus gegebenem Anlass trete ich von der Mordor-Rundreise zurück.

Geneddiad ammif egor úwif, o therjais wini awarthon i wordorgorlend.

DER SCHWERT-TIPP:
Leuchtet Ihr Schwert während der Reise blau auf, sind für gewöhnlich Orks in der Nähe. Leuchtet es hingegen rot, möchte es Sie vor überzogenen Preisforderungen warnen.

Gut Freund mit Hobbits:

Ich plane ein umfassendes Resozialisierungsprojekt für Orks.

Aníeron adangleiniad andaer ni ürch.

Klar hab ich noch mehr Kuchen.

A! hebin lembais angen.

Schnell und wirksam:

Hilfe, Orks!

Thaed dan ürch!

Hilfe, Trolle!

Thaed dan terüg!

Hilfe, Werwölfe!

Thaed dang gauroth!

In Gefangenschaft bei Orks:

Scheiße!

Skai!

Gandalf ist ein Arschloch.

(frei übersetzt)

Gandalf u bagronk scha puschdug golug-hai!

DER GEHEIM-TIPP:

»Der Herr der Ringe« wurde auch verfilmt!

Was Sie niemals sagen sollten:

Verzeihen Sie, ist das Ihr Ring?

----- wird aus Sicherheitsgründen nicht übersetzt -----

----- *entfällt* -----

Was Sie sagen, wenn es zu spät ist:

Mein Schatzzz ...

(frei übersetzt)

Kasssta ...

LEKTION 23

WELTRAUM

Seit »Raumschiff Enterprise« wissen wir, dass der Weltraum mit unendlichen Weiten lockt. Zum Glück ist die Sprachenvielfalt im All alles andere als unendlich. Gewiss, neben der Menschheit ist noch keine andere Spezies offiziell bestätigt. Inoffiziell jedoch versichert Ihnen das *Bündnis für sicheres Reisen*: Mit der Publikation dieses Sprachführers setzen wir den Regierungen unseres Planeten die Pistole auf die Brust. Eine Presseerklärung zum Thema »entdeckte Außerirdische« ist längst überfällig.

Das bedeutet für uns: Wir sollten uns langsam an den Gedanken gewöhnen, dass wir uns in absehbarer Zeit mit einer überdimensionalen Schnecke oder einer zwölfbeinigen Kakerlake unterhalten müssen; nicht überall im Kosmos nimmt die Evolution einen so gnädigen Verlauf wie auf der Erde.

Langfristig ist der Kontakt zu den Aliens unvermeidbar. Daher sollten wir uns auch verbal vor ihnen schützen können. Die Sprache, die wir für dieses Buch ausgewählt haben, versteht man im intergalaktischen Raum praktisch überall.

Lassen Sie sich nicht vom einfachen Klang der Sätze täuschen. Was für das irdische Ohr eintönig und fantasielos klingt, ist für den gebürtigen Alien ein wahres Feuerwerk an Untertönen und Sprechpausen, die lediglich Millisekunden währen. Wollen Sie die Notfallsätze korrekt aussprechen, konzentrieren Sie sich auf das Grundmorphem /mi/, eine Nasal-Vokal-Verbindung, deren hochfrequente Aneinanderreihung jeden noch so komplizierten Sachverhalt in einer beispielhaft schlichten Syntax darstellen kann.

Hinsichtlich der anzuwendenden Gestik und Mimik üben Sie sich besser in bedachtsamer Zurückhaltung. Was bei uns ein strahlendes Lächeln ist, bedeutet auf Antraporra vielleicht, dass man keineswegs vorhat, sich dem Willen der dortigen Militärdiktatur zu beugen. Und was bei uns der erhobene Mittelfinger ausdrückt, signalisiert vielleicht im Restaurant auf Gulugulu-Peng, dass man die Rechnung aller anwesenden Gäste übernehmen möchte. Bleiben Sie einfach stocksteif stehen, wenn Sie folgende Sätze anwenden. Reglosigkeit wird Ihnen im Weltraum allenfalls als Schüchternheit ausgelegt.

Sie müssen verzeihen, auf meiner Welt werden Insekten meist als Schädlinge betrachtet.

Mimimi mimi mi mimim mii mimi.

Ich bin untröstlich, dass ich die Mimik Ihres Volkes noch nicht zu deuten verstehe.

Mimimi mimi mi mimim mii mimi.

Ehe ich den Helm abnehme, wüsste ich gerne, ob Ihre Spezies Sauerstoff atmet.

Mimimi mimi mi mimim mii mimi.

Wir müssen Ihren Beschuss leider als feindseligen Akt deuten.

Mimimi mimi mi mimim mii mimi.

Nützliches im Alltag:

Wo bekomme ich Batterien für mein Laser-Schwert?

Mimimi mimi mi mimim mii mimi.

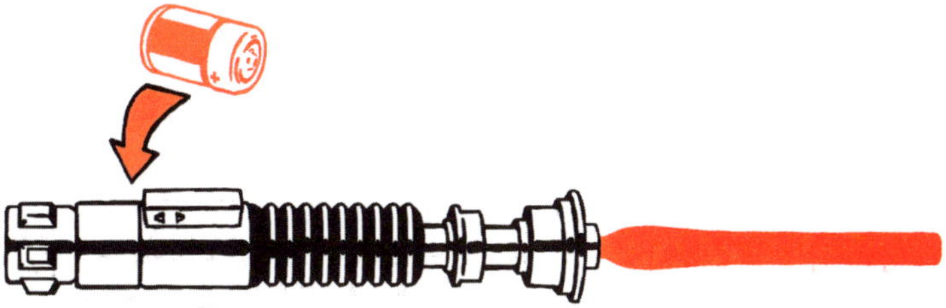

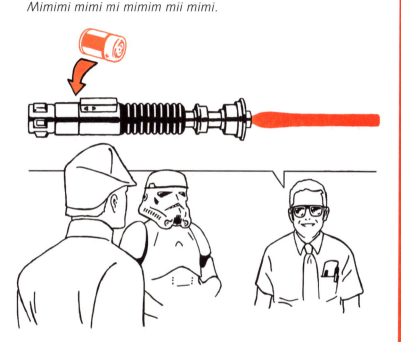

Der Tachyonen-Emitter in der Zubringerröhre auf Maschinendeck 12 scheint eine Elektronenflussanomalie aufzuweisen.

Mimimi mimi mi mimim mii mimi.

Macht? Was für eine Macht?

Mimimi mimi mi mimim mii mimi.

Gut Freund mit Aliens:

Wir kommen in Frieden.

Mimimi mimi mi mimim mii mimi.

Hübsche Tentakeln!

Mimimi mimi mi mimim mii mimi.

LICHTGESCHWINDIGKEITS-TIPP: Übergeben Sie sich bei Reisekrankheit niemals in Flugrichtung. Ansonsten erleben Sie eine böse Überraschung, wenn der Trägheitskompensator Ihres Schiffes nicht ordnungsgemäß funktioniert.

Formvollendete Begrüßung von Vulkaniern:

Lebe lang und glücklich!
Live long and prosper! (in anglophilen Raumsektoren)

Mimimi mimi mi
mimim mii mimi.

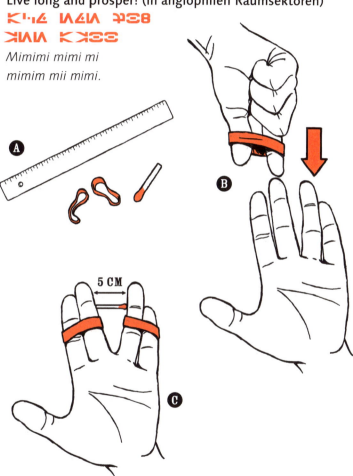

A

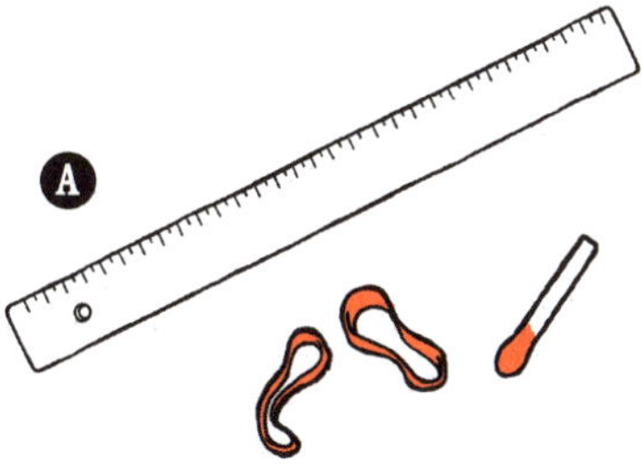

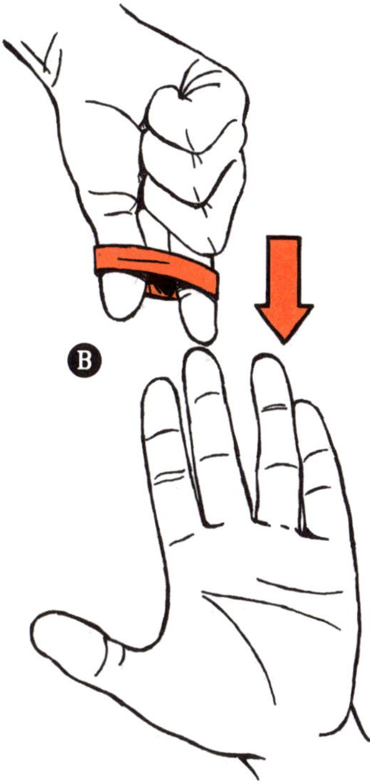

B

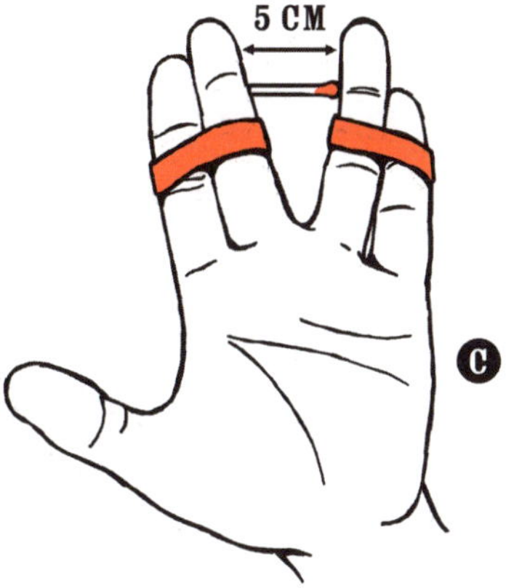

C

TESTEN SIE IHRE ÜBERLEBENSCHANCEN IN ANDEREN WELTEN

Lernzielkontrollebene 1

Worauf sollten Sie bei einem Besuch in Mittelerde verzichten?

a) martialische Gewalt
b) Nekromantenzauber
c) Häschenwitze

Lernzielkontrollebene 2

Was heißt 

(sprich: Mimimi mimi mi mimim mii mimi)?

a) Ohne Krimi geht die Mimi nie ins Bett.
b) Ich habe Angst.
c) Hübsche Tentakeln!

Lernzielkontrollebene 3

Was mögen Hobbits?

a) Ork-Geschnetzeltes
b) Orkane
c) Resozialisierungsprojekte für Orks

Ihre Überlebenschancen in Prozent:

0 mal c:	0 %	–	5 %
1 mal c:	6 %	–	25 %
2 mal c:	26 %	–	75 %
3 mal c:	76 %	–	100 %

NÜTZLICHE VORDRUCKE UND BASTELANLEITUNGEN

Hier finden Sie folgende nützliche Formulare und Vordrucke:

1 GEFAHRENMELDEZETTEL

Trotz umfassender Recherche kennen auch wir nicht alle Gefahren. Ihre Mithilfe kann Leben retten! Bitte kopieren Sie den Vordruck »Gefahrenmeldezettel« in ausreichender Zahl, und verstauen Sie ihn, vor Feuchtigkeit und Feuer geschützt, in Ihrem Gepäck. Nach dem Ausfüllen einfach an die auf dem Formular angegebene Adresse senden.

2 VORDRUCK »ENTFÜHRT IM AUSLAND«

Sollten Sie durch ein Missgeschick oder -verständnis Opfer einer Entführung werden, hilft Ihnen dieser Vordruck, mit der Außenwelt Kontakt aufzunehmen. Obwohl der Vordruck in Deutsch verfasst ist, erkennt man ihn überall auf der Welt als Hilferuf eines Entführungsopfers, da er das international anerkannte Erkennungszeichen für Entführungen und unfreiwillige Freiheitsberaubung (IAEEUF) trägt. Einfach ausschneiden, ausfüllen, zum Kellerfenster hinausschieben oder aus dem Kofferraum werfen.

3 REISETESTAMENT

Zerstreuten Paranoikern passiert es nur allzu oft, dass ihnen im Angesicht des Todes einfällt: »Ich hab' ganz vergessen, ein

Testament zu machen!« Damit Ihr Vermögen nicht in falsche Hände gerät, finden Sie im Folgenden das am häufigsten vernachlässigte Dokument als Vordruck. Die ausführliche Version empfiehlt sich, wenn Ihr Tod zwar nicht mehr abzuwenden ist, es aber zu erfreulichen Verzögerungen dabei kommt (z. B. schleichende Vergiftung), die Express-Version eignet sich bei starkem Blutverlust, verheddertem Fallschirm oder bei der aussichtslosen Flucht vor einem Raubtier. Einfach ausfüllen und fallen lassen.

Formular AFN 1/1/A

GEFAHRENMELDEZETTEL

Bitte ausfüllen, ggf. ausschneiden und einsenden an:

Bündnis für sicheres Reisen
c/o VG Lübbe
Postfach 200180
51431 Bergisch Gladbach
GERMANY

Land: ____________________

____

Gefahr: ____________________

____

____

____

____

____

____

Mit diesem Satz: ____________________

____

____

hätten

- O mein Mann
- O meine Frau
- O meine Kinder
- O (andere Person:) ____________________

- O überlebt.
- O noch alle Gliedmaßen.
- O seinen/ihren Verstand nicht verloren.
- O (anderes:) ____________________

Formular AFN 2/1/A

VORDRUCK »ENTFÜHRT IM AUSLAND«

Ich bin für mein Land

- O unentbehrlich
- O wichtig
- O weniger wichtig
- O weiß nicht

Hilfe! Ich wurde am ____________________
um ca. ________ Uhr in ____________________ entführt.

- O Ich befinde mich jetzt in ____________________
- O Ich habe keine Ahnung, wo ich mich befinde.

Meine Entführer sind

- O nett
- O weniger nett
- O eher blöd
- O blöd
- O schwer zu sagen

Reisetestament »Ausführlich«

- O Meine Frau/meinen Mann
- O Mein(e) Kind(er)
- O Meine Eltern
- O (Sonstige Erbberechtigte:) ____________________

konnte ich

- O noch nie leiden.
- O immer super leiden.

Deshalb vererbe ich ihr/ihm/ihnen

- O mein Haus.
- O mein Auto.
- O mein Pferd.
- O dieses Buch.
- O meine Mundschutzsammlung.
- O meine Haus-Alarmanlage (inkl. der zehn Allwetterüberwachungskameras und der CD mit den siebzehn polyphonen Sirenenmelodien).
- O die Rabatte meiner zwanzig Versicherungen.
- O (Sonstiges:) ____________________

- O von ganzem Herzen.
- O nicht.

Was ich noch sagen wollte:

- O Die in meinem Panicroom versteckte Pornosammlung gehört mir gar nicht, sondern: ______
- O Die Welt ist nicht mehr dieselbe, wenn der eigene Tod für manche seinen Schrecken verloren hat.
- O Ich habe dich nie wirklich geliebt, ______!
- O (Sonstiges:) ______

______

(Unterschrift)

Reisetestament »Express«

Bis auf den Pflichtteil vermache ich alles:

Name

Unterschrift bzw. Feld für DNA-Probe
(Speichel, Blut, Sperma), Abdruck des Zahnprofils durch
Reinbeißen oder Fingerabdruck

Weiße Flagge zum Selberbasteln

Kleben oder binden Sie diese leere Seite an einen Stock.

KLEBEFLÄCHE FÜR DEN STOCK

DANKSAGUNG

Nicht alle der folgenden Personen haben an diesem Buch mitgewirkt oder die Welt auf andere Weise sicherer gemacht.

ABI AL PACINO ALEXANDER FLEMING ALEXANDER SCHOBER ALEXANDER VON HUMBOLDT ALFRED ADLER ALMUT DIETZFELBINGER ANJA ARENDT ANKE HILBRENNER ANN-KATHRIN SCHWARZ ARBEITER-SAMARITER BUND BARBARA DIETZ BEGGIE BERND FLADUNG BERND UND MIR RULLKÖTTER BERNHARD GRZIMEK BETTINA REUBELT BIAS BIRGIT VOLK BIRTE HABERSCHEIDT BIRTE NETTIGHOFEN BODO WARTKE BRUCE LEE BRUNO UND RENATE LEÒ CARL DIERCKE CARL GUSTAV JUNG CARL JOHANN LJUNGSTRÖM CARLOS ASCASO MARTÍN CÉCILE MOORE CHRIS BOULDIN CHRISTIAN MUCK CHRISTIAAN BARNARD CHRISTIAN DITTUS CHRISTIN WILHELM CHRISTOPHE MONTAGUE CLAUDE LÉVI-STRAUSS CLAUDIA MÜLLER COLETTA BÜRLING DAN BROWN DANIELA MICURA DANIELA SCHULD DANIELA THIELE DIE FANTASTISCHEN VIER DOROTHEE RODERMANN ELISAVETH LJUNGSTRÖM ELMAR KLUPSCH ERDMÖBE ERNST BORIS CHAIN EUBYLON GMBH DEUTSCHLAND FARIN URLAUB FILNOR MCGARRIT FRANK A. DODLEY FRANK ROSENBAUER FREMDEN VERKEHRSAMT DAUN/EIFEL GALILEO GALILEI GENE SIMMONS GEORG CLOONEY GERALDINE HOPE GERKE HAFFNER GO SEIGEN HANS BLUMEN BERG HANS-DIETRICH GENSCHER HAPE KERKELING HARALD OEHLERKING HASI HELMUT FELLER HELMUT PESCH HERMANN BOERHAAVE HOWARD WALTER FLOREY HUGH FITZGERALD IMKE SCHUSTER INGE MATHI IRIS GEHRMANN ISOLDE GRABENMEIER ISABELLE SCHWARZ IVO PEIKE J. R. R. TOLKIEN JACK BAUER JAMES GANDOLFINI JAMES LABRIE JA

Ihre Namen dienen als Tarnumgebung für die wahren Helden dieses Buches. Danke euch allen! Ihr wart super.

WIELPÜTZ JACQUES LACAN JOE PESCI JOHN FARRELL JOHN MYUNG JOHN PETRUCCI JOHNNY DEPP JORDAN RUDESS JUDITH BERG JULES VERNE JÜRGEN KLINSMANN JÜRGEN VON DER LIPPE JURI ALEXEJEWITSCH GAGARIN JUTTA SCHNEIDER KATJA SCHIFFMANN KARIN SCHMIDT KATHRIN WEICK KERSTIN ARNOLD KERSTIN KAISER KRISTOF MAGNUSSON KHUSHWANT LADY DI LEIF ERIKSSON LING YUN LOTHAR BECKER LOUIS DE FUNES M M+M MAJELLA FRANZMANN MAMA MANJA KLIESE MANPREET MARC SIEPER MARCO SCHNEIDERS MARIA KÖPP MARIAN RUDER MARIANNE HOTZ MARTINA KIESEL MATHIAS SIEBEL MIKE PORTNOY NATHAN FILLION NEREA NICOLA BARTELS NIGEL BARLEY OLIVER LEIMANN OLIVER PUX OPJEPASS UND SCHADT'JA NIX PANCHO PARKHOTEL NÜMBRECHT PAULA HERNANDEZ PETER JACKSON QUENTIN TARANTINO RANDOLPH LION REGINA HARTIG REINHARD WEIRAUCH REINHOLD MESSNER RICARDA WITTE-MASUHR RICHARD KLEINMAIER RITA BOLLIG ROBERT DE NIRO ROLF HÖRNER RUGGERO LEÒ S 11 SABINE CRAMER SAMANTHA COOL SANDRA BÜCHS SANTORIO SANTORIO SIGMUND FREUD SILJA MIEKLEY SILVIA MENCZYKALSKI SONIA UND MANFRED STUMP STEFAN BAUER STEFAN FRANK STEFANIE HEINEN STEFFEN GEIER STEVE SMITH STEVEN VAN ZANDT STUART GOLD SUN TSU SUSANNE HAFFNER THOMAS JAHN THOMAS WEIGELT TIM BURTON TONY SIRICO TSUNETOMO YAMAMOTO ULRIKE BECKER VERA STEINHAGEN VERONIKA SAND-BÜHLER VOLKSHOCHSCHULE RHEIN-SIEG WINNETOU ZEUS & WIRBITZKY